AF146060

Bianka Tewes

Katzenkirmes

Bibliografische Information der Deutschen Nationalbibliothek:
Die deutsche Nationalbibliothek verzeichnet
diese Publikation in der Deutschen Nationalbibliografie;
detaillierte bibliografische Daten sind
im Internet unter www.dnb.de abrufbar.

©2014 Bianka Tewes
Herstellung und Verlag:
BoD – Books on Demand, Norderstedt
ISBN 978-3-7347-3225-6

Inhalt

Herzlichen Glückwunsch zu Ihrem neuen Katzenbuch!

Ein Katzenbuch kann man sich aus vielerlei Gründen kaufen. Wenn man zum Beispiel selbst Katzen hat, dann kann ein Katzenbuch die Selbsthilfegruppe ersetzen. Gemütlich kann man sich daheim in den Sessel setzen, ein wenig Trost und Zuversicht aus der Lektüre schöpfen und sich so den unbequemen Stuhlkreis ersparen, der für gewöhnlich mit dem Austausch unter Leidensgenossen einher geht. Vorausgesetzt, man hat daheim mehr Sessel als Katzen.

Vielleicht sind Sie aber auch ein Soziologe oder Psychologe oder gar Enthüllungsjournalist bei einem investigativen Nachrichtenmagazin und haben das Katzenbuch zwecks Quellenstudium für Ihre Recherchen zum Thema: „Die symbiotische Intensivierung der Mensch-Katze-Beziehung während der zweiten Dekade des einundzwanzigsten Jahrhunderts in der westlichen Zivilisation" gekauft. In diesem Falle hoffe ich, dass Sie über eine robuste psychische Konstitution und ein stabiles soziales Umfeld verfügen. Ich würde es mir nie verzeihen, träfe ich Sie mit wirrem Haar und irrem Blick in der Eckkneipe, vor vierzehn leeren Schnapsgläsern und meinem Katzenbuch sitzend und ausrufend: „Ich wusste nicht, dass es so schlimm ist!"

Es ist auch nicht so schlimm. Ich merke gerade, dass schon bei der Lektüre des Vorwortes der Eindruck entstehen könnte, das Leben mit Katzen sei schlimm. Diesen Eindruck möchte ich vor allem dann vermeiden, wenn Sie dieses Buch gekauft haben, weil Sie sich mit dem Gedanken tragen, Ihr Leben zukünftig mit Katzen teilen zu wollen.

Wirklich, nein, es ist nicht schlimm. Katzen sind etwas Wundervolles. Man hat unglaublich viel Freude an ihnen. Sie sind eine Bereicherung. Keine tyrannischen kleinen Monster, die kurz nach ihrem Einzug den kompletten Haushalt samt Ihnen als Haushaltsvorstand dominieren, Polster zerkratzen, zerbrechliche Dinge herunter werfen, Essen vom Teller klauen, Schränke ausräumen, alles voll-haaren, auf den Teppich kotzen, schnarchen und furzen und grundsätzlich am Wochenende krank werden.

Jedenfalls nicht nur. Katzen schlafen auch viel. Und dann sind sie wirklich ganz entzückend.

In Zeiten von Stress und Hektik sind Katzen gefragte Haustiere, die mit ihrem freundlichen Wesen, ihrem sanften Schnurren und ihrer gelassenen Ausstrahlung diese unvergleichliche Atmosphäre der Ruhe und des Friedens in unserem allzu fordernden Alltag zu schaffen imstande sind. Jeden Tag aufs Neue preise ich mich glücklich, diese drei Felsen in der Brandung im chaotischen Meer meines Lebens bei mir zu haben.

Mittwochmorgen. Die Frühstücksteller sind gefüllt. Flori ist wie immer als erster fertig und wirft sehnsüchtige Blicke auf die noch fast vollen Teller seiner Mitkatzen. Lilly schiebt wie üblich jeden Happen Futter erst einmal umher, beschnüffelt ihn von allen Seiten und mümmelt ihn schließlich langsam auf. Flori fängt an, hin und her zu rutschen und kleine Seufzer auszustoßen.

Jeden Tag muss er zweimal diese grausame Qual durchleiden, die heute noch durch den Umstand verschlimmert wird, dass Fritz und Lilly offenbar eine Wette abgeschlossen haben, wer seinen Teller am langsamsten leer essen kann. Unglücklich schielt Flori von Teller zu Teller und beschließt endlich, Lilly beim Vertilgen ihrer Portion behilflich zu sein, womit sie ja offensichtlich vollkommen überfordert ist. Die ritterliche Tat wird ihm nicht gedankt, sondern mit Geschrei und einer Ohrfeige honoriert. Geknickt wendet Flori sich ab und versucht es bei Fritz. Fritz schmeckt es heute nicht so recht, aber das ist noch lange kein Grund, Flori das Essen zu überlassen. Fritz macht kein Geschrei, sondern haut Flori gleich was an die Backen. Flori sitzt eine Weile trostlos da und gibt gepeinigte Laute von sich, die aber auch niemanden dazu animieren, sein Essen mit ihm zu teilen. Obwohl doch gerade St. Martin war! Was für eine Welt.

Schließlich zieht Flori Lillys Teller mit der Pfote zu sich heran. Gemeinerweise wird ihm die Beute jedoch vom Personal abgenommen und wieder vor Lillys Füße geschoben, worauf Flori den gleichen Trick nochmal bei Fritz versucht. Mit demselben Ergebnis. Alle haben sich gegen ihn verschworen! Das ist voll gemein. Fritz muss sich seine Portion richtig rein würgen, dabei sieht Flori ganz genau, dass ihm schon richtig übel ist. Egoist!

Das Personal sieht leider nicht, dass Fritz schon richtig übel ist. Das Personal sieht nur, dass endlich jeder seinen Teller leer gegessen hat und es nun mit seiner täglichen Routine fortfahren kann: Katzenklos sauber machen, sich selbst sauber machen, die Kaffeemaschine einschalten und die Zeitung rein holen. Vorher noch schnell ins Schlafzimmer, um das Fenster zu öffnen und die Bettwäsche zu lüften. Müde schlurft das Personal in seinen gestrickten Schlappen über den Flauschteppich im Schlafzimmer.

Quagg.

Oh nein.

Das Personal bleibt wie erstarrt stehen. Nein, denkt es. Nein, das werden sie nicht getan haben. Sie werden sich nicht schon wieder ausgerechnet auf den Schlafzimmerteppich übergeben haben. Und du stehst nicht mit deinen winterlichen Strickschlappen mitten drin.

Es dauert noch eine geraume Weile, bis das Personal seinen Frühstücksteller leer essen kann. Vorerst müssen ein Teppich und ein Strickschlappen gesäubert werden, während Fels in der Brandung Nr. 1 verzweifelt versucht, die

Verunreinigung auf seine Art zu beseitigen, Fels Nr. 2 sich lautstark darüber aufregt, dass Fels Nr. 1 das Essen weggenommen wird, und Fels Nr. 3 mit betretener Miene am Bein der Putzfrau klebt und Trost in seinem Unwohlsein erheischt.

An manchen Tagen ist das Personal richtig froh, wenn es endlich in den hektischen Alltag der aushäusigen Berufswelt flüchten kann.

Gemüse ist bäh | 24.11.2013

Demokratie hat auch ihre Tücken. Die Meinungsfreiheit, auf den ersten Blick eine sehr löbliche Erfindung, birgt allerhand Gefahren. Mein kleiner Ersatz-Neffe (ich habe keine Geschwister, bin aber trotzdem stolze Tante) beispielsweise hat sich mit noch nicht mal zwei Jahren bereits seine erste eigene Meinung gebildet, und zwar über Gemüse. Gemüse ist bäh, da können die Erwachsenen unter noch so enthusiastischem „Hmmmmm leeeecker Möhrchen!" den Löffel schwenken. Fleisch ist lecker. Möhrchen geht gar nicht. Und ob Möhrchen, Spinat und Brokkoli gesund sind, das ist dem jungen Herrn in seinem jugendlichen Leichtsinn herzlich egal. Es ist einfach nicht lecker. Punkt.

Ähnlich uneinsichtig sind meine Katzen, was gesunde Ernährung angeht. Auch wenn sie sehr gerne Möhrchen essen. Was jedoch die in Ernährungsthreads führender Katzenforen angepriesenen Futtersorten angeht, da verhalten sie sich genau so widerspenstig wie ein Zweijähriger beim Spinateinlöffeln: Hochwertiges Futter ist bäh und geht gar nicht. Hochwertiges Futter ist quasi Gemüse. Zwar stürzt man sich erst mal auf den gefüllten Teller, nach kurzem Reinschaufeln hält man jedoch angewidert inne und wendet sich mit gerümpfter Nase zum Personal um: Iiieeeh, was ist das denn?

Das, so sagt das Personal daraufhin mit ungewohnter Strenge, ist gesund und wird gegessen. Discounter-Futter gibt es morgen wieder. Heute wird hochwertig und mit allen für die gesunde Katzenentwicklung notwendigen Nährstoffen getafelt.

Nährstoffe. Bäh. Mit deutlich verminderter Inhaliergeschwindigkeit wird weiter gegessen, wobei die Blicke unruhig zum Nachbarteller wandern. Muss der eigentlich auch Gemüse essen? Oder kriegt der vielleicht leckere Bröckchen in Sauce mit lauter köstlichen Geschmacksverstärkern?

Eine Art Reise nach Jerusalem setzt ein, es wird vorsichtig in den Nachbarnapf geschnüffelt und ein Probehäppchen genommen. Äh, pfui Deibel, auch Gemüse! Gerade wird Lillys Napf hoch genommen und unter lautem „Lilly feeiiin Lilly leeecker" der flüchtenden Diva hinterher getragen. Hoffnungsvoll setzen sich die Kater in Bewegung und folgen der Verheißung. Bestimmt kriegt die diese tollen Hühnerhäppchen in cremiger Sauce mit Thymian und Bratkartoffeln aus dem Drogeriemarkt!

Nach acht Runden um den Couchtisch ist Lilly endlich stehen geblieben und lässt ein wenig Nähe zu. Der Futterteller wird nieder gesetzt, die Diva rümpft die Nase und die Kater machen Gesichter, als hätte man ihnen die Nikolaustüten weggenommen: Was für eine schlechte Welt, in der es „leeecker" verheißt und dann Nährstoffe regnet!

Unglücklich toffelt man zurück an die eigenen Teller, während Lilly beleidigt ein paar Happen mümmelt. Die schlechte Stimmung hält den ganzen Abend an. Fritz straft Wolldecke und Personalbeine mit Verachtung (eine sexuelle Fehlprägung fixiert ihn für gewöhnlich allabendlich auf diese Fetische), Lilly hält auf dem Balkon nach Mäusen in Sahnesauce Ausschau und Flori demonstriert, dass man auch von gesunden Nährstoffen ganz schlimm und ausdauernd pupsen kann.

Katzen sind weitaus nachtragender als Kleinkinder.

Mit einem blutigen Bein im Knast | 01.12.2013

Mangelnde Konfliktfähigkeit ist nicht immer eine Tugend. Zaghafte Naturen beschwören mit ihrem passiven Verhalten im Gegenteil häufig erst Probleme herauf! So kam mir heute Morgen unter der Dusche der Gedanke, dass man als Bediensteter ängstlicher Katzennaturen eigentlich immer mit einem Bein im Knast steht.

An meinem linken Bein prangte nämlich ein dicker blutiger Kratzer, und ich konnte mir zunächst nicht erklären, wie der dorthin gekommen war. Schließlich fiel es mir wieder ein: Gestern Abend hatte Flori am Schlafzimmerfenster Wache geschoben, während Fritz auf der Wolldecke – ähm … beschäftigt war. Ziemlich beschäftigt. So wie jeden Abend, kaum dass ich mich müde auf dem Sofa ausgestreckt habe.

In meinem Schlafzimmer steht ein ramponiertes altes Bügelbrett am Fenster, das nie weggeräumt wird, weil Flori dort abends immer sitzt und nach möglichen Gefahren Ausschau hält. Auf der Fensterbank ist es immer so kalt, finde ich, vor allem im Winter, deswegen darf das Bügelbrett stehen bleiben, damit Flori beim Wacheschieben keinen kalten Popo kriegt. In Gefahrensituationen allerdings hat das Bügelbrett auch seine Nachteile, es fällt nämlich schon mal mit Gepolter um, wenn zum Beispiel der Nachbarkater unten vorbei spaziert und Flori ganz schnell runter springen und in die Küche rennen muss, um ihm vom Küchenfenster aus noch ein paar Beleidigungen hinterher zu rufen.

So wie gestern Abend. Der Nachbarkater war auf Provokationskurs, das Bügelbrett kam zu Fall und Fritz aus dem Rhythmus. Während Flori unter Alarmgeheul in die Küche stürmte, sprang Fritz panisch von der Wolldecke und muss dabei die tiefe blutige Kerbe an meinem Schienbein hinterlassen haben.

Wenn ich mal einen gemütlichen Sitzplatz erobern kann, sitze ich dort gerne mit einem Krimi. Und aus meiner intensiven Lektüre kriminalistischer Literatur weiß ich, dass Kommissare immer erst einmal den Falschen verdächtigen, wenn jemand durch Fremdeinwirkung ums Leben kam. Wenn der ums Leben gekommene vor seinem unfreiwilligen Dahinscheiden schnell noch den Täter gekratzt hat, macht man sich mit zerkratzten Schienbeinen ganz schön schnell verdächtig! Verdächtige mit zerkratzten Schienbeinen behaupten nämlich immer, das sei eine Katze gewesen, was der Kommissar natürlich nicht glaubt, und schon sitzt man im Knast.

Ich betrachtete den Kratzer und hoffte, dass niemand, dem gegenüber ich in den letzten Tagen unfreundliche Gedanken gehegt hatte, in der Zwischenzeit durch Fremdeinwirkung ums Leben gekommen war und vorher noch den

Täter gekratzt hatte. Man hegt ja schnell mal unfreundliche Gedanken seinen Mitmenschen gegenüber. Weil sie blöd geparkt haben zum Beispiel oder in der Fußgängerzone Fahrrad fahren oder an der Supermarktkasse neunundneunzig Cent klein haben. Hat man seinen unfreundlichen Gedanken dann vor Zeugen Ausdruck verliehen und auch noch zerkratzte Schienbeine, kann man ganz schön in die Bredouille kommen, falls der Mitmensch zum Fall für den Kommissar wird.

Zutiefst nachdenklich geworden, entstieg ich der Dusche und gelobte, die besinnliche Vorweihnachtszeit zum Anlass zu nehmen, meinen Mitmenschen mehr Geduld und Nachsicht entgegen zu bringen. Das schien mir eine bessere Strategie zur Vermeidung krimineller Verwicklungen zu sein als darauf zu hoffen, dass meine kleinen Lieblinge irgendwann mal davon absehen könnten, meine Beine zu zerkratzen.

Das Personal hat ein Buch geschrieben:
Floris Meinung | 08.12.2013

So, jetzt bin ich sauer. Dass das Personal zu unseren Catwalks „Regale" sagt und die mit Büchern vollstellt, das ist ja schon blöd. Nachts schmeißen wir die immer runter, wenn wir da rum klettern, und dann regt das Personal sich voll auf und fuchtelt mit den Armen und will, dass wir sofort vom Regal kommen und die BÜCHER gefälligst in Ruhe lassen. Was ist denn bitte schön so toll an denen? Die haben kein Fell, riechen staubig und schmecken nach gar nichts. Die stehen einfach nur rum und nehmen Platz weg und beeinflussen das Personal total negativ. Dann sitzt das wieder stundenlang mit so einem Buch in meinem Sessel und starrt es an und merkt gar nicht, dass ich schon wieder Hunger habe.

Damit es das mal merkt, beiße ich schon mal eins von den Bändchen ab, die da manchmal raus baumeln, und esse das auf. Dann dreht das Personal voll am Rad. Ich soll nicht immer die Bändchen essen, nachher kriege ich einen Darmverschluss, und außerdem sind die Bücher aus der Leihbücherei, da beißt man keine Bändchen ab usw., bla bla bla.

Wieso bringt die überhaupt Bücher aus der Leihbücherei mit? Wir haben doch selbst genug davon! Und in allen sind nur weiße Blätter mit kleinen schwarzen Zeichen drin. Was bitte ist daran nun so spannend, dass man nicht mal mitkriegt, wenn ein Kater Hunger hat? Und dann sind die auch noch viereckig. Nicht mal unters Sofa rollen kann man die!

Bücher sind voll überflüssig, jawohl. Und wenn ich eins noch weniger verstehe als die Leihbücherei, dann, warum um alles in der Welt noch mehr Bücher geschrieben werden müssen! Noch mehr viereckige Staubfänger mit schwarzen Zeichen! Und wieso ausgerechnet unser Personal so ein doofes Buch schreiben muss! Seit Wochen hören wir nur noch: „Die Mama muss Korrektur lesen", „Die Mama muss den Vertrag nochmal durchgehen", „Die Mama muss ein Cover gestalten." Die Mama muss ein Brathuhn für Flori kaufen, das wär doch mal eine Aussage! Aber nein! Das Buch, das Buch, das Buch, immer nur das doofe Buch. Das Buch ist noch in Bearbeitung, hoffentlich ist das Buch in Ordnung, das Buch ist schon online erhältlich. Ich weiß ja nicht, was online ist, aber meinetwegen kann es da ruhig bleiben, das olle Buch!

Der Fritz hat gesagt, das mit dem Bücherschreiben hat das Personal schon wieder aus dem schwarzen Kasten, in dem dieses komische Katzenforum ist. Das kann die auch stundenlang anstarren, und das beeinflusst die noch viel negativer, weil da immer so ein Mist drin steht wie, hochwertiges Nassfutter ist gut und Trockenfutter ist zu trocken oder dass man Katzen Fummelbretter bauen soll. Das nervt! Und jetzt ist das auch noch schuld, dass ich hier verhungere, weil das Personal sein eigenes Buch geschrieben hat.

Zur Strafe habe ich am Freitag das Nikolaus-Geschenk geklaut und halb aufgegessen. Und wenn ich mal rauskriege, wie man in dieses komische Katzenforum rein kommt, in dem diese ganzen Miesepeter wohnen, die dem Personal immer Flöhe ins Hirn setzen, dann klettern wir da rein, und die Lilly verkloppt die alle! Das haben die dann davon!

Sag nein zu Kräutertee! | 15.12.2013

Das Thema, über das ich heute reflektieren möchte, lautet passend zur Jahreszeit: Der Kräutertee und seine wohltuende Wirkung auf Mensch und Tier. Es gibt Kräutertees für alles und gegen alles. Beruhigungstee für Reklamationsabteilungsangestellte und hysterische Hobby-Autoren, Leber- und Gallentee für Steinreiche, Erkältungstee für Verschnupfte, ja sogar Glücks- und Energietee! Es ist eigentlich unerklärlich, wieso so viele Menschen immer noch krank, unglücklich oder schlapp sind, obwohl es doch in den Drogeriemärkten von Heiltees nur so wimmelt.

Ich jedenfalls habe mir im Drogeriemarkt einen Stärkungstee mit Lapacho, Minze und Echinacea gekauft und trinke den jetzt immer auf der Arbeit. Sehr zum Missfallen der Auszubildenden, die den aromatischen Duft des Gebräus bemängelt und die Ansicht vertritt, der Nutzen stehe in keinerlei Verhältnis zu der damit einher gehenden Geruchsbelästigung. Also habe ich meine Teebeutel mit nach Hause genommen, wo es keine quengelnden Auszubildenden gibt.

Stattdessen gibt es jodelnde Diven und schlaflose Nächte. Seit einiger Zeit wird mein Nachtschlaf empfindlich durch wohl modulierte Gesangsübungen gestört, welche Lilly auf ihren nächtlichen Wanderungen durch die Wohnräume zum Besten gibt. Zwei Uhr morgens: „Mau? Maumau? Mjaumjaumjaumaumau! Mauiodelmau!" „LILLY!!!!" „Mau?" „Halt die Klappe!"

Kurzes Schweigen. Das Personal dreht sich um und atmet auf. Dann: „Mau?" „Lilly …?!" „Mjau mjau mjau miodelmau mjaumau! Maaaaaaoooooooouuuu! Miodelmau miodelmau! Mjau mjau!" Unruhe breitet sich aus, Kater plumpsen von Sofa und Sessel, Pfoten trappeln. Lilly, lauter werdend: „Mjau miodelmau! MAAAOOOUUU!!!!"

Die Unruhe steigt, nun plumpst auch das Personal aus dem Bett, macht das Licht an und stolpert besorgt ins Wohnzimmer. Brennt es in der Wohnung, ist jemand verletzt, hat Lilly Schmerzen? Diese grauenhaften Tonfolgen in zunehmender Lautstärke sollen gewiss etwas Alarmierendes signalisieren. Fritz lugt verängstigt unter dem Sofa hervor, Flori hockt verschlafen vorm Sessel, und Lilly dreht aufgeregte Runden und schrillt wie eine Luftschutzsirene. Bei meinem Anblick bleibt sie abrupt stehen, sagt erstaunt

„Mau?" und trollt sich auf ihr Schlafkissen, wo sie sich zusammen rollt und friedlich entschlummert, während das Personal überall Licht anmacht, um zu gucken, ob es brennt. Vorsichtshalber schlurft das Personal dann noch auf den Balkon, um zu gucken, ob es vielleicht draußen irgendwo brennt. Die Diva schrillt doch nicht grundlos wie eine Luftschutzsirene.

Vielleicht war das aber auch nur ein Probealarm. Ratlos begibt sich das Personal wieder ins Bett, wo es noch eine Weile argwöhnisch in die Luft schnüffelt, bis es irgendwann erschöpft einschläft.

Einige schlaflose Nächte später: Das Personal liegt auf dem Sofa und sieht fern, als es plötzlich aus der Küche Alarm gibt: „Mjau mjau mjau miodelmau! MAAAAAAOOOOUUUUU!!!" Das Personal fährt hoch, Kater und Wolldecke fliegen beiseite, Feuer, Notstand, Luftschutzübung??! – nee.

Teebeutel.

Ertappt steht die Diva in der Küche, zu ihren Füßen liegt ein bereits arg ramponierter Lapacho-Minze-Echinacea-Teebeutel, den sie schnell noch unter dem Holzofen zu verstecken versucht. Ähm, nein, ich bin nicht drogensüchtig, ich doch nicht! Meine super Laune kommt von ganz alleine, ich würde NIIIEEE was schnüffeln! Ich singe, weil ich fröhlich bin! Und fröhlich bin ich eben nachts, na und?

Sch…-Tee. Ich hol mir lieber doch 'ne Kiste Bier.

Nein, Marvin, es gibt keinen Weihnachtsmann.

| 22.12.2013

Alle Jahre wieder stehen Eltern in aller Welt vor dem gleichen Problem: Es kommt der Tag, an dem der behütete Sprössling heulend aus dem Kindergarten heimkehrt und den ratlosen Eltern die Scherben seiner unschuldigen Kinderwelt vor die Pantoffeln kübelt. Der Marvin hat gesagt, den Weihnachtsmann gibt es gar nicht!

Was tun? Den Marvin einen Lügner schelten und beim nächsten Elternabend einen Eklat mit den aufklärerisch gesonnenen Marvin-Erzeugern riskieren? Den eigenen Spross liebevoll, aber bestimmt mit der rauen Wirklichkeit und dem Zusammenhang zwischen Weihnachtsmann und Karies erzeugenden Brausen konfrontieren? Und damit das Vertrauen in die elterliche Glaubwürdigkeit so kurz vor Weihnachten nachhaltig erschüttern?

Liebe Eltern unaufgeklärter Weihnachtsmann-gläubiger Kinder: Rettung naht! Ab sofort können Sie sich elegant aus der Affäre ziehen, indem Sie Ihrem schluchzenden Nachkömmling erklären, ja, der Marvin hat schon recht, irgendwie, denn den Weihnachtsmann gibt es nicht. Nicht mehr jedenfalls. Gestern gab es ihn noch. Aber heute ist er weg. Ein böser Kater hat ihn gefressen. Der böse Kater wohnt bei einer dummen Frau, die das Unglück nicht verhindert hat, und darum kriegst du jetzt auch keinen ferngesteuerten Hubschrauber zu Weihnachten, sondern nur die selbst gestrickten Socken von Oma Hilde.

Freitagabend. Der Weihnachtsmann ist müde vom Geschenke verteilen und hält Ausschau nach einem guten Versteck für sich und seine sechs Rentiere. Da fällt sein Blick auf eine kleine Dachwohnung, in der eine dumme Frau, ein böser Kater und zwei weitere Katzen hausen. Mensch, denkt sich der Weihnachtsmann, da sieht's ja aus wie bei Hempels unterm Sofa, überall Teebeutel, Plüschmäuse und Kratzpappen. In dem Vorweihnachts-Chaos fallen sechs Rentiere und ein dicker Mann, der weder zum Friseur geht noch seine Klamotten wechselt, bestimmt gar nicht auf.

Denkt sich's und huscht geschwind samt seiner Rentiere den Kamin herunter, um sich dann leis, ganz leis am Sofa vorbei zu schleichen, wo die dumme Frau und der böse Kater liegen und Fernsehen gucken, und sich alsdann im Schlafzimmer zu verstecken. Der böse Kater indes hat den Unrasierten und seine sechs Huftiere wohl bemerkt und richtet sich auf dem Sofa auf, und obgleich sich der bärtige Geselle und seine pelzigen Kumpane gleich hinter dem Kleiderschrank verstecken, springt der böse Kater herbei und starrt alle giftig an. Die dumme Frau und die beiden anderen Katzen gucken auch, was es da zu sehen gibt, doch sie erkennen die Besucher nicht.

Nur der böse Kater lässt sich nicht hinters Licht führen. Gleich am nächsten Morgen, als die dumme Frau unter der Dusche steht, versucht er den Weihnachtsmann und seine Rentiere aus der Wohnung zu werfen, aber da beginnen die ein lautes und schiefes Blockflötenspiel, und obgleich der böse Kater eigentlich von Geburt an taub ist, tut das Flöten seinen Ohren schrecklich weh, und er rennt ins Badezimmer und versteckt sich hinter der Waschmaschine, wo er ab und an leise knurrt und sich vorerst nicht hinaus traut. Erst als die dumme Frau ihn mit Leckerchen lockt, kommt er wieder hervor, doch da haben sich der Weihnachtsmann und die Rentiere bereits wieder versteckt.

Der böse Kater gibt aber nicht auf. Als die dumme Frau am Sonntagmorgen endlich mal damit anfängt, ihren im Weihnachtsstress vernachlässigten Haushalt auf Vordermann zu bringen, kriechen der Weihnachtsmann und seine Rentiere schleunigst in den Kamin, damit sie nicht entdeckt werden. Und da schlägt der böse Kater zu! Er klettert flugs hinterher in den Kamin und frisst den Weihnachtsmann auf mit Haut und all den vielen vielen Haaren, und wenn die dumme Frau ihn nicht laut scheltend aus dem Ofenrohr gezogen hätte, dann hätte er auch noch die sechs Rentiere verschlungen und wäre endlich einmal satt geworden.

Ja, liebe Kinder, und darum gibt es ab sofort keinen Weihnachtsmann mehr.

Kratzpappen-Voodoo | 29.12.2013

Es gibt heutzutage einfach keine Qualität mehr. Jedenfalls keine Qualität, die dem destruktiven Dreigestirn in meinem Haushalt in irgendeiner Form gewachsen wäre. Ja, sie haben es mal wieder in Rekordzeit geschafft: Die Lieblingssäule am Kratzbaum ist in ihre Bestandteile zerrupft, trostlos baumeln die kläglichen Reste des Sisals herab, und die graue Pappe ziert nackt und frierend das Wohnzimmer. Eine Schande!

Bis eine neue Säule besorgt und eingebaut ist, muss es nun, so habe ich beschlossen, erst mal eine Kratzpappe tun. Kratzpappen, so der Tipp einer Leidensgenossin mit drei

Katzen, würden sehr gerne und mit großer Begeisterung benutzt und zerpflückt und schonten so die Möbel. Und so griff ich beherzt zu, als im Fachgeschäft für Tiernahrung und -zubehör das empfohlene Utensil meinen Weg kreuzte.

Zu Hause ausgepackt, erfreut sich die Kratzpappe auch gleich des regen und ungeteilten Interesses der drei Sisalmörder. Vor allem nachdem ich sie mit der mitgelieferten Katzenminze bestreut habe. Zwar wird sie nicht bekratzt, dafür ist sie binnen einer halben Stunde dermaßen besabbert, dass sie an einigen Stellen bereits die Konsistenz von Pappmaché angenommen hat und man prima Faschingsmasken aus ihr modellieren könnte. Wovon ich allerdings absehe, da Fritz für einige gesegnete Augenblicke seine Wolldecke vergessen hat und sich stattdessen ekstatisch auf der Sabberpappe wälzt.

Ich verbringe einen einigermaßen unbehelligten Abend auf dem Sofa und begebe mich frühzeitig zu Bett, schließlich ist er lang, mein Arbeitstag, und beginnt in aller Frühe mit dem ersten Katzenschrei. Irgendwann im Laufe der Nacht muss sie dann wohl getrocknet sein, die Kratzpappe, und wird nun energisch und ausdauernd ihrer Bestimmung zugeführt, wovon sowohl ein gewisser Geräuschpegel als auch der mit Pappfetzen übersäte Teppich ein beredtes Zeugnis geben. Tolle Sache, so eine Kratzpappe. Prima ist auch die Mobilität des Utensils. Man kann es nämlich nachts durch die ganze Wohnung schieben und überall dort benutzen, wo vielleicht noch ein Quadratzentimeter Fußboden durchs gräuliche Gestöber blinzelt. Das schafft ein schönes Ambiente und hält das Personal in Bewegung.

Ich gehe aber trotzdem nächste Woche eine neue Säule für den Kratzbaum kaufen. Die Art und Weise, wie meine kleinen Lieblinge allnächtlich irgendeine arme Spielmaus auf der Kratzpappe drapieren wie die Opfergabe auf dem Altar einer Voodoo-Zeremonie – das jagt mir schon den einen oder anderen kalten Schauer über den Rücken …

Flori muss abnehmen | 05.01.2014

Eins muss man der Menschheit lassen: Unser Optimismus ist nicht totzuschlagen. Immer noch gibt es Menschen, die daran glauben, dass man Katzen erziehen, Neujahrsvorsätze in die Tat umsetzen und Eiskugeln irgendwann wieder für dreißig Cent kaufen kann. Diese Frohnaturen sind einfach nicht von ihrem Glauben an das Gute in der Welt abzubringen. Ich hasse die.

Dieses Jahr hatte ich auch einen guten Vorsatz. Aber nun ist das Jahr grade mal fünf Tage alt, und ich beginne bereits zu resignieren angesichts der absoluten Hoffnungslosigkeit meines Vorhabens. Eines vernünftigen, eines lobenswerten Vorhabens. Eines Vorhabens, das wieder einmal an der ewigen Ambivalenz von felider Hartnäckigkeit einerseits und menschlicher Charakterschwäche andererseits zu scheitern droht.

Irgendwann, es war zur Weihnachtszeit, da trug ich meinen Flori auf den Armen. Flori wird in regelmäßigen Abständen von einem heftigen Liebesbedürfnis ergriffen, und dann möchte er auf dem Arm getragen werden, mein Gesicht mit feuchten Schnüffelküsschen besudeln, tretelnd meine Halsschlagader perforieren und dabei schnurren wie ein Laubsauger. Am häufigsten überkommt es ihn, wenn ich

Spaghetti koche, denn dann kann er nebenbei auch noch in die Töpfe gucken.

So war es auch diesmal. Ich rührte mit der einen Hand im Topf, auf dem anderen Arm hing das schlaffe Katertier, knarzte in mein Ohr und schielte auf die Tomatensauce. Hmmm, lecker! Tomatensauce! Cool! Das gibt immer so tolle Muster auf der Tischplatte, wenn man die Spaghetti vom Teller angelt. Auf dem Sofa spitzte Fritz bereits die Ohren, denn man pflegt zu zweit nach Spaghetti zu angeln. Das Personal kann immer nur nach einer Pfote mit der Gabel pieken, und so fällt die Ausbeute an geangelten Spaghetti immer sehr zufriedenstellend aus. Und hinterher versucht man sich dann gegenseitig auf Spaghetti-Latein zu übertrumpfen. Ich hab einen geangelt, der war sooooooo lang! – Pah, Alter! Ich hab einen geangelt, der war soooooooooooooooooooooo lang! Bestimmt kommt bald DMax und filmt das Ganze.

Während ich so rührte und nachsann, registrierte ich eine zunehmende Lahmheit im linken Arm. Zu Floris Enttäuschung entfernten wir uns von der Tomatensauce und gingen uns im Spiegel anschauen, wo das Personal Floris Erscheinung als recht unvorteilhaft beurteilte. Flori fand, dass das Personal in Wellness-Hose und vollgehaartem Pulli auch nicht gerade ein ansprechendes Bild abgab. „Weißt du was," sagte das Personal zum Spiegelbild, „was hältst du davon, wenn wir uns für 2014 vornehmen, dass du ein Kilo abspeckst?"

Ja, klar, mach doch, dachte Flori und schnurrte liebevoll in Richtung Töpfe, wo die Tomatensauce verheißungsvoll blubberte. Gar kein Problem. Am besten fängst du gleich damit an. Ich kümmere mich schon um dein Abendessen.

Erst am nächsten Morgen dämmerte ihm die entsetzliche Wahrheit. Das Personal hatte gar nicht mit seinem Spiegelbild gesprochen. Es hatte ihn gemeint! Er sollte ein Kilo abspecken! Wo er doch jedes Gramm an sich mochte und auch sowieso nie richtig satt wurde! Gerade wollte er sich über das Futter hermachen, das Lilly wie jeden Morgen beim Frühstück für ihn übrig gelassen hatte, da geschah das Unaussprechliche – der Teller wurde fort genommen und die Reste wieder in die Dose getan! Ungläubig setzte Flori sich hin. Sollte das von nun an sein Los sein? Immer nur seine eigene, überhaupt nicht ausreichende Portion zu bekommen?

Doch es kam noch schlimmer. Zum Glück gibt es ja nach dem Frühstück und bevor man den Tisch entert, um sich am Personalteller noch zu bedienen, ein paar Leckerli. Das hatte man geschickt so eingefädelt, um dem Personal zu suggerieren, dass es in Ruhe den Tisch decken könne, während die Katzen mit ihren Leckerli beschäftigt waren.

Auch heute gab es glücklicherweise Leckerli, aber – anstatt sie vor Floris Füßen zu platzieren, wo sie ja wohl logischerweise hin gehören, schmiss das doofe Personal sie in der Küche rum! Flori war total entgeistert und musste hilflos mit ansehen, wie Fritz blitzschnell durch die Küche schoss und alle Leckerli aufsammelte. Das Personal warf ein Bröckchen etwa einen Meter vor Flori hin und gestikulierte herum. Sollte er da jetzt etwa HINRENNEN?

Unglücklich erhob sich Flori und schlurfte zum Bröckchen. Kaum hatte er das aufgegessen, flog das nächste – schon wieder einen Meter weit entfernt! Flori war schon ganz flau vor lauter Frühsport. Und mit dem dritten Bröckchen vergrößerte sich auch noch die Distanz! Und Fritz steuerte drauf zu! Jetzt hieß es auch noch LAUFEN! Hilfe! Holt PETA!!!

PETA kam nicht. Aber Lilly. Lilly ist nicht unbedingt zu jeder Zeit für Leckerli zu haben und ruht nach dem Frühstück lieber auf ihrem Kissen. Wenn sich jedoch Aufregung in der Küche breit macht, dann verlässt sie schon mal ihren Diwan und kommt nachschauen, was da nun wieder los ist und ob man da vielleicht mal für Ruhe sorgen muss.

Aha, Leckerli. Na ja, mal sehen, was gibt's denn? Oh, Anti-Haarballen-Knuspertaschen! Ja, doch, die mag ich auch. Lilly pflanzte sich unter dem Küchentisch aufs Hinterteil und warf dem Personal gebieterische Blicke zu. Das Personal warf Lilly eine Knuspertasche zu und rief enthusiastisch was von „Lilly Leckerli!" Lilly sah ungläubig drein: Ja, das sehe ich, aber kannst du nicht zielen? Ich sitze unter dem Küchentisch und nicht vor dem Kühlschrank! Da – das haben wir jetzt davon. Jetzt hat's der Fritz gefressen, der alte Gierschlund. Also bitte, noch eins. Und diesmal legst du das gefälligst vor meine Füße.

Das Personal warf schon wieder daneben. Nun reichte es aber. Entrüstet stand Lilly auf, baute sich vor dem Personal auf und verlieh ihrem Unmut über dessen unzumutbare Unfähigkeit lautstark Ausdruck. Eingeschüchtert platzierte das Personal daraufhin drei Knuspertaschen vor Lillys Füßen, die sie kurz beschnupperte und dann beleidigt liegen ließ: Püh, jetzt will ich die auch nicht mehr!

Flori schon. Glücklich inhalierte er die verschmähten Leckerchen, das Personal packte desillusioniert die Dose in den Schrank und streute sich Asche aufs Haupt ob seines kläglichen Versagens. Aber: Das Jahr ist ja noch jung.

Fit for Fun mit Katzen | 12.01.2014

Morgens, viertel nach sieben: Das Personalfrühstück ist fertig und im Backofen zwischengeparkt. (Flori hat noch nicht gelernt, die Backofenklappe aufzumachen, darum.) Fritz und Flori drängeln sich derweil auf der Brotmaschine. Oberhalb der Brotmaschine befindet sich das Schrankfach mit dem abschließbaren Fach, in dem die Leckerlies lagern. Kaum ist die Schranktür auf, angeln vier Pfoten nach dem Schlüssel, der am Leckerlifach baumelt. Das erste Krafttraining für das Personal: Fünf Kilo Kater mit der Linken, sechs Kilo Kater mit der Rechten aus dem Schrank ziehen und auf dem Boden absetzen.

Nun ist Geschwindigkeit gefragt. Das Schrankfach muss aufgeschlossen, die Leckerlidose entnommen und das Fach wieder geschlossen werden, bevor die Kater wieder auf der Brotmaschine stehen. Auch diese Aufgabe wird routiniert bewältigt, bevor das Personal mit der Dose ins Wohnzimmer joggt, wo Lilly auf ihrem Kissen thront und darauf wartet, dass ihre Ration in Pfotennähe nieder gelegt wird. Während der Niederlegung wird die Ober- und Unterarmmuskulatur durch wiederholtes Wegschieben des sich nähernden Fritz trainiert. Nun lockern wir die Schultermuskulatur mit einem schwungvollen Leckerliwurf, um Fritz endlich von der Leckerlidose fort zu bewegen. Während Fritz irgendwo im Dunkel unter dem Schreibtisch verschwindet, sprintet das Personal zurück in die Küche, wo Flori sich auf der Spüle verbarrikadiert hat: Ich renn heut nicht, nein, ich will nicht rennen!

Erneutes Krafttraining durch Herunterheben des Sportmuffels. Beim Niedersetzen auf den warmen Küchenfußboden wird auch die Beinmuskulatur beansprucht. Noch einmal die Schultermuskulatur durch Leckerliweitwurf beanspruchen, denn mittlerweile ist Fritz wieder aufgetaucht und hampelt aufgeregt in der Küche rum. Nun gehen wir schnell in die Hocke und werfen ein Leckerli für Flori. Dies darf nicht aus der Standposition heraus geschehen, denn das taube Tier muss Blickkontakt mit dem zu erbeutenden Leckerli halten. Das Leckerli schlittert unter den Küchenschrank, Flori setzt sich auf den Hintern und das Personal macht einen Hechtsprung, denn Fritz ist schon wieder zurück, und Flori fängt an zu schreien, weil der sich nun über das unter dem Schrank verschwundene Leckerli hermachen will. Was das Personal gerade noch verhindern kann, indem es das Leckerli noch vor Fritzens Zugriff an sich bringt.

Nun folgt eine kleine Kampfsporteinlage, denn Flori hat sich über die kurz auf dem Boden stehende Leckerlidose hergemacht, die das Personal ihm gegen seinen heftigen Widerstand zu entwinden versucht, während gleichzeitig Fritz am Personalarm hängt, der ihm das Leckerli vor der Nase weggeschnappt hat. Lilly ruft derweil von ihrem Kissen, dass sie ihre Portion aufgegessen hat und der Nachschub rollen kann. Das Personal erkämpft die Dose und joggt zurück ins Wohnzimmer, wobei es einen kleinen Wettlauf mit Fritz und Flori einlegt. Fritz wird erster, das Personal zweiter, und Flori setzt sich wieder hin und brüllt, dass das ein doofes Spiel ist. Das findet Lilly auch, steigt von ihrem Kissen und haut dem Personal die Dose aus der Hand. Das Personal wärmt sich durch Hüpfen auf und lockert die Armmuskulatur durch Schlenkern der zerkratzten Hand. Flori macht nun auch mal einen kleinen Spurt, immerhin liegen die ganzen Leckerlies jetzt verstreut im Wohnzimmer. Das Personal geht nach der Arbeit in den Zoofachhandel und freut sich, weil ein ganzer Stapel Adipositas-Futterschälchen reduziert ist.

Zum Glück ist erst Januar.

Modetechnisch up to date | 19.01.2014

Für gewöhnlich ist das Personal derart eingespannt in seinen häuslichen Arbeitsalltag, dass es wenig Zeit zur Ver- und Befolgung aktueller Modetrends findet und daher ein wenig repräsentatives Äußeres zur Schau trägt. Vor einiger Zeit bemerkte das Personal mit Verwunderung an den Hälsen seiner Arbeitskolleginnen längliche Badewannenstöpselkettchen, was es ausgesprochen mutig und innovativ fand, bis ihm aufging, dass die Kolleginnen sich keineswegs im Sanitärfachhandel behängt hatten, um vielleicht ein Zeichen gegen Prunk und Protz in der Welt zu setzen. Nein, das Badewannenstöpselkettchen hatte Einzug in die mondäne Welt der Schmuckdesigner gehalten und konnte nun für teures Geld im Juweliergeschäft erworben werden.

Nun lässt das Personal sein Geld für gewöhnlich eher in Zoofachhandlungen denn im Juweliergeschäft. Zu Weihnachten jedoch wollte es auch mal sein wenig repräsentatives Äußeres ein bisschen aufhübschen und bestellte sich daher flugs ein undesigntes Badewannenstöpselkettchen im politisch unkorrekten ferneren Ausland. Das Badewannenstöpselkettchen traf im späten Januar ein, trug einen imposanten Anhänger mit kryptischen Zeichen und Glitzersteinchen und zierte fortan den gebeugten Nacken des Personals.

Lilly stand der repräsentativen Outfitänderung wie gewohnt kritisch gegenüber, aber Flori war begeistert. Vor dem Siegeszug des Badewannenstöpselkettchens tendierte die Geschmeidemode eher dazu, den Hals der Trägerin zu würgen. Das neue Kettchen jedoch schwang und schlenkerte lustig hin und her und funkelte verheißungsvoll. Toll! Das Personal trägt Katzenspielzeug!

Durch den tagelangen Frühsport gestählt und trainiert, hopste Flori aufs Sofa, wo das Personal rum saß und das Kettchen baumeln ließ, verkrallte sich ins Geschmeide und zog enthusiastisch. Das Personal fing an zu krächzen und zu zappeln. Super Spiel! Fritz kam auch dazu und zog ein bisschen schüchtern von der anderen Seite, fand aber schnell Gefallen am Krächzen und Zappeln des Personals und wurde rasch mutiger. Erst als das Personal blau im Gesicht wurde und unmelodisch zu husten anfing, ließ man von ihm ab. Bäh, Husten. Nachher fängt man sich noch ein Virus ein. Man weiß ja schließlich nicht, wo sich das Personal so rum treibt, wenn es das Haus verlässt.

An diesem Wochenende treibt sich das Personal ein paar Häuser weiter rum, wo vor ein paar Wochen ein Kitten-Pärchen eingezogen ist, das am Wochenende gesittet werden muss. Beim Eintreten wird das Personal bereits freudig empfangen und sitzt flugs auf dem Fußboden, während Kitten Nr. 1 sich aufmacht, in sein Hosenbein zu krabbeln. Kitten Nr. 2 beschäftigt sich eine Weile mit den Schnürsenkeln des Catsitters, bis es mit einem Mal aufschaut und leuchtende Augen bekommt.

Cool! Die Tante hat Katzenspielzeug um den Hals!!!

Lilly, Fritz und Flori sind bei der Heimkehr des Personals alles andere als begeistert. Nicht nur, dass das Personal schon wieder hustet - nein, das Katzenspielzeug stinkt auch noch nach Babyspucke!

Pfui Deibel.

Fragwürdige Essgewohnheiten | 26.01.2014

Fritz sucht ein neues Zuhause, denn hier ist's ihm nicht mehr geheuer. Dabei war er doch anfangs so sicher, die richtige Entscheidung hinsichtlich seines Domizils und seiner Domestiken getroffen zu haben! Doch nun bekommt sie mit einem Male Risse, die malerische Fassade einer heilen Katzenwelt, die selbst ihn, den klugen Königstiger, eine lange Zeit geblendet hat mit ihre falschen Tünche ... zu lange?

Es passiert am Donnerstagabend. Die Katzen sind gesättigt, und auch das Personal hat ein paar Spaghetti zu sich genommen (von denen Fritz schnell noch ein paar aus dem Nudelsieb gefischt und rasch aufgegessen hat.) Nun liegt es wieder mal auf dem Sofa herum und versucht angestrengt, über Fritzens allabendlichen Triebabbau auf der Wolldecke diskret hinweg zu sehen. Fritz schnurrt brunftig und trampelt dem Personal auf den Eingeweiden herum, die daraufhin ein gequältes Geräusch von sich geben. Wie Eingeweide das hin und wieder zu tun pflegen, für gewöhnlich bei Vorträgen, Beerdigungsfeiern oder anderen beliebigen Gelegenheiten mit weihevoller Stille. Das Personal freut sich, gerade nicht der Mittelpunkt der allgemeinen Aufmerksamkeit bei einem Vortrag, einer Beerdigungsfeier oder einer anderen Gelegenheit mit weihevoller Stille zu sein. Fritz hingegen erstarrt mitten im Akt zur Salzsäule.

Was ist das für ein Geräusch gewesen? Das klang ja fast nach einer Katze! Doch, ganz bestimmt, eine fremde Katze hat irgendwo „Muoau" gesagt!

Fritz fürchtet fremde Katzen. Nicht weil die fremden Katzen irgendwas Schlimmes machen würden. Meist stehen sie nur auf dem Balkon vor dem Katzengehege rum und gucken doof, und Fritz geht dann raus und versteckt sich hinter Flori, der sich aufpüschelt und wild knurrt, und Fritz püschelt sich dann anstandshalber auch ein bisschen auf, aber ohne Knurren. Wenn nämlich auf dem Balkon allzu wild geknurrt wird, wird Lilly wach. Und wenn Lilly wach wird und nachschaut, warum auf dem Balkon wild geknurrt wird, dann fliegen die Fetzen. Lilly kann fremde Katzen auf dem Balkon überhaupt nicht leiden. Da sich die fremden Katzen aber in der Regel außerhalb des Geheges aufhalten und deshalb nicht von Lilly in Stücke gerissen werden kön- nen, kreischt sie stattdessen am Gitter herum und haut auf alles, was in der Nähe ist und bluten kann. Auf Flori zum Beispiel oder auf das Personal oder eben auf Fritz. Darum hofft Fritz immer, dass die fremden Katzen schnell wieder weg gehen, wenn er sich ganz still und leise aufpüschelt.

Nun scheint die fremde Katze aber nicht auf dem Balkon zu sein, sondern in der Wohnung. Hilfe! Angstvoll schaut Fritz sich um. Das Geräusch ist ganz in der Nähe gewesen, wo mag die fremde Katze sich nur verstecken?

Das Personal sieht Fritzens Not und Angst und erklärt, das Geräusch sei aus dem Personalbauch gekommen. Fritz staunt. Das Personal hat eine fremde Katze im Bauch? Wie mag die dort hinein gekommen sein? In Fritzens Bauch kommt nur, was zuvor in seinem Mund gewesen und zerkaut …

Diesmal püschelt sich Fritz von ganz alleine auf. Das kann, nein, das darf nicht … aber wenn man so darüber nachdenkt: Wie oft hat das Personal Sachen gesagt wie: „Iiiieehh, ich hab schon wieder Katzenhaare im Mund!" Und dann gibt es ja noch das Fotoalbum mit lauter Bildern von Katzen, die gar nicht mehr da sind. Manchmal guckt sich das Personal die an und seufzt sentimental herum. Was mag aus ihnen geworden sein, aus Vincent und Fränzi und Munzel und Grobi und Susi? Könnten sie … hat das Personal etwa …

Mit einem Mal fügen sich all die Puzzleteilchen zusammen, und sie ergeben ein grauenhaftes Bild. Das Personal tut nur vegetarisch! In Wirklichkeit ist es ein Kannibale!!! Ein Katzen fressender Kannibale! Darum ist der Flori auch so fett: Er wird gemästet, um als nächster im Kochtopf und danach im Bauch des Personals zu landen, wo er dann auch so kläglich maunzen wird wie die arme fremde Katze!

Angstvoll verlässt Fritz seine geliebte Wolldecke und versteckt sich unter dem Sofa. Wenn er so drüber nachdenkt: Der Nachbarkater ist schon ein paar Wochen nicht mehr da gewesen …

Was für ein Stress. Der Sonntagmorgen ist bereits wieder angefüllt mit Haushaltspflichten: Der Boden muss gefegt, der Teppich gesaugt, die Wäsche gewaschen, der Müll hinunter gebracht und das Katzenklo geschrubbt werden. Fritz hat sich glücklicherweise unter dem Sofa verschanzt, weil auf dem Balkon zwei fette Tauben herum watscheln, und Lilly ruht auf ihrem Lieblingskissen, nachdem sie wieder mal die halbe Nacht hindurch an ihrem Jodeldiplom gearbeitet hat. Flori hingegen ist auf Betriebstemperatur.

Der Indikator für Floris Leistungspotenzial sitzt ganz vorne am Tier und gibt anhand seiner Farbintensität zuverlässig Aufschluss über den aktuellen Ladezustand seines Akkus. Im Ruhezustand ist Floris Nase von blassrosa Farbe. Dann regeneriert sich die vorhandene Energie ganz tief in ihm. Verfärbt sie sich zu einem vollen Altrosa, so ist die Energie auf dem Weg in die äußeren Extremitäten. Ist der Ladevorgang abgeschlossen, glüht die Nase in einem leuchtenden Pink, und der Kater ist auf dem Gipfel seiner Leistungsfähigkeit.

Die blassrosa Ruhezeiten sind indes vorhersehbar. Wann immer das Personal zum Beispiel im Sessel sitzen möchte, um seine müden Beine hochzulegen und ein wenig zu lesen, liegt Flori dort blassnasig, schläft tief und fest und mag nicht beiseite rücken. Auch das Werfen von Leckerlis zwecks morgendlichen Trainings hat eine sofortige Nasenblässe zur Folge. Hingegen kann man sicher sein, dass die Nase leuchtet wie die von Rudolph, the rednose Reindeer, sobald das

Personal seinen haushälterischen Pflichten nachzukommen versucht.

Sonntagmorgen, halb zehn: Die Mülltonne wird aus der Abstellkammer geholt und kurz im Flur zwischengeparkt, um sie um den Inhalt des Kosmetikeimers im Bad zu bereichern. Umgehend ist Flori da (die Nase leuchtet wie ein Glühwürmchen), kippt die Tonne um und hat in Windeseile den Keks heraus geklaubt, den er gestern geklaut hat, nur um ihn sich in einem erbitterten Kampf vom Personal wieder entwinden zu lassen. Diesmal ist er schneller als das Personal und würgt die flusige Beute hastig hinunter, bevor sie ihm ein zweites Mal weggenommen wird. Das Personal fegt murrend den Inhalt der Mülltonne zusammen und beeilt sich, den zugebundenen Müllbeutel rasch aus Floris Reichweite zu bringen.

Nachdem der Müll hinunter getragen ist, widmet sich das Personal der gründlichen Reinigung der Katzenklos. Flori möchte helfen, wird aber aus der Dusche geworfen und ist verärgert. Nix darf man hier! Die Nase glüht, die aufgestaute Energie will sich entladen. Aber wo? Man könnte sich mit Fritz prügeln. Aber der hockt ja unter dem Sofa und wartet, dass die Tauben weg fliegen. Sich mit Lilly prügeln ist auch keine gute Idee. Flori hat noch von gestern Abend eine Schramme auf der Nase, als er die ihm verordnete Diät torpedieren und aus Lillys Napf essen wollte, bevor sie fertig war und ihm gnädig die Reste anbot.

Da bleibt nur einer übrig: Sein alter Erzfeind – der Wäschekorb. Mit dem Wäschekorb steht Flori von jeher auf Kriegsfuß. Der Wäschekorb ist so ein mit allen Wassern gewaschener Gangster, der Flori andauernd provoziert. Auch heute hatte er ihn schon ein paarmal voll gedisst, und jetzt reicht es Flori. Eine Weile liefert er sich mit dem Wäschekorb ein knallhartes Blickduell, um sich schließlich wutentbrannt auf den Gegner zu stürzen.

Der Wäschekorb wehrt sich nach Kräften. Und die sind beachtlich. Schließlich gelingt es Flori, einen Schlüpper durch die Luftlöcher des Wäschekorbs zu zerren und den Feind daran hinter sich her zu schleifen, da fällt ihm der Handtuchhalter in den Rücken! Hinterrücks schleudert der Handtuchhalter das ihm anvertraute Handtuch auf Floris Kopf. Flori, der immer noch rückwärtsgehend den Wäschekorb hinter sich herzieht, stößt mit dem Hintern an die Badezimmertür, die sich mit einem Knall schließt. Flori, eingeklemmt zwischen Tür und Wäschekorb, in den Schlüpper verhakt und durch das Handtuch geblendet, beginnt zu zappeln und dadurch bedingt ziemlich heftig an der Tür zu rumpeln. Das Personal kann zwar Floris Nase nicht sehen, weil Flori nach wie vor ein Handtuch über dem Kopf hat, ist sich jedoch sicher, dass sie nach dem anstrengenden Battle schon wieder ziemlich blass ist. Noch besser kann es sich die Farbintensität der Divennase vorstellen, der auf der anderen Seite der Tür entrüstete und auffordernde Laute entweichen, denen das Personal jedoch lieber nicht nachkommt. Jedenfalls nicht gleich. Das Personal zieht lieber erst mal das Handtuch von Floris Kopf, enthakt das Pfötchen aus dem Schlüpper und verpasst dem Wäschekorb einen Tritt, der ihn zurück an die Wand befördert. Erst dann öffnet es die Tür, die es zeitgleich als Schutzschild gegen die herein schießende Diva benutzt.

Umgehend lässt Flori seine Nase verblassen und plärrt wehleidig. Lilly umköpfelt ihn liebevoll, misst das feige hinter der Tür versteckte Personal mit einem giftigen Blick und geleitet das arme misshandelte Kind fürsorglich zum Sessel, wo man sich erschöpft niederlässt und die Nasenspitzen noch um ein paar Farbnuancen mattiert. Das Personal trocknet die Katzenklos ab, füllt frisches Streu ein und säubert die Dusche.

Mittlerweile hat es auch eine recht blasse Nase. Doch auf den Sessel, nein, auf den Sessel darf es nicht!

Das Pückler-Prinzip in der Katzenfutterdose
| 09.02.2014

Ich hatte eine glückliche Kindheit, in der alles viel besser war. Zum Beispiel das Wetter. Aber auch sonst alles. Die Flüsse verliefen in schnurgeraden Betonbetten, anstatt durch irgendwelche Biotope zu mäandern, es gab noch Atomkraftwerke und Waldi-Eis. Nichts davon hat die Zeiten überdauert. Das stimmt mich oft sehr traurig. Vor allem über den Niedergang des Waldi-Eises bin ich nur ganz schwer hinweg gekommen.

Umso unbegreiflicher erscheint mir das Überleben der Pücklerschnitte. Schon als Kind war mir der große Erfolg der Pücklerschnitte irgendwie nicht ganz geheuer. Ohne mich jemals mit marktstrategischen Überlegungen auseinandergesetzt zu haben, wollte mir nicht einleuchten, aus welchen unerfindlichen Gründen man drei ganz unterschiedliche Eissorten nebeneinander zwischen zwei Waffeldeckel presst. Wie groß ist bei einer solchen Konstellation die Wahrscheinlichkeit, dass Konsumenten die ganze Pücklerschnitte verschmähen, weil sie eine der drei Sorten nicht mögen! Ich beispielsweise mag einfach kein Erdbeereis, und deswegen investierte ich mein ganzes Taschengeld in Waldi-Eis und strafte die Pücklerschnitte mit Verachtung.

Und doch wollte es der Lauf dieser sonderbaren Welt, dass das Waldi-Eis still und leise im Fluss der Zeit auf den Grund des Vergessens hinab sank, während die Pücklerschnitte auf den wogenden Wellen des Speiseeistrends elegant bis an die Gestade des einundzwanzigsten Jahrhunderts surfte.

Es ist wohl diese an sich so ambivalente Erfolgsstory, die auch andere Zweige der Nahrungsmittelindustrie dazu inspirierte, die Strategie auf ihre eigenen Produkte anzuwenden. Zum Beispiel auf Katzenfutterdosen. Bei der Katzenfutterdose geht der Trend unzweifelhaft zur Schichtbefüllung. Wenn man mehrere Katzen hat, kann man das eindeutig beobachten.

Ich jedenfalls beobachte schon seit einiger Zeit eine ganz offensichtliche Pücklerisierung der von mir verfütterten Alleinfuttermittel für ausgewachsene Katzen, ganz gleich welchen Herstellers. Gestern zum Beispiel gab es „Zarte Fleischmahlzeit mit herzhaftem Wild und Leber." Schon die Anwendung so gegensätzlicher Adjektive wie „zart" und „herzhaft" gemahnt ja ein wenig an die Konstellation „Schokolade", „Vanille" und „Erdbeere" und verweist auch Nicht-Germanisten in Richtung Pücklerschnitte. Andererseits: Wer liest schon, was draußen auf der Dose steht, wenn ihm drei schreiende Katzen am Ärmel hängen? Richtig: Niemand. Man sieht zu, dass der Deckel aufgeht und der Fraß auf die Teller kommt.

Für den Nicht-Eingeweihten sieht der Fraß auch auf allen Tellern gleich aus, braune Pampe mit brockigem Gekröse drin. Doch der Eindruck täuscht! Längst wird auch in der Tiernahrungsindustrie das Schichtprinzip der Pückler-schnitte angewandt. In Wirklichkeit hat der eine Vanille, der zweite Schokolade und der dritte Erdbeer vor sich, wobei der erste lieber Schokolade, der zweite lieber Erdbeer und der dritte lieber Vanille hätte, weswegen sich nun eine Art Rotationsprinzip in Gang setzt. Dies ist jedoch auch nicht von Erfolg gekrönt. Beim Rotieren landet Vanille bei Erd-beer, Erdbeer bei Schokolade und Schokolade bei Vanille, worauf neuerlich um die Teller rotiert wird. Erschwerend kommt hinzu, dass Vanille seinen Teller zum größten Teil bereits leer gefressen hatte, bevor er zu Erbeer gewechselt ist, der seinerseits Schokolade von dessen Teller weg schubst. Schokolade steht jetzt vor dem fast leeren Vanille-Teller und will dann wenigstens seinen Schokolade-Teller zurück, den Erdbeer aber nicht mehr rausrücken will. Wäh-rend Erdbeer und Schokolade sich noch angiften, kommt Vanille an gewankt und haut sich auch noch den Schokola-de-Teller rein.

Dem Küchenpersonal ist angesichts dieser unüberschau-baren Katzen-Teller-Rotation schon ganz schwindelig ge-worden, und es möchte hiermit einen dringenden Appell an die Futtermittel-Industrie entsenden, vom Pücklerschnitten-Prinzip bei der Katzenfutterdosen-Befüllung gefälligst wie-der Abstand zu nehmen. Wenn ich mit ansehe, wie sich meine drei Lieblinge zweimal täglich gegenseitig um die Näpfe schubsen, dann könnte ich glatt auf den unschönen Gedanken kommen, die seien futterneidisch!

Resturlaub, die schlimmste Zeit des Jahres
| 16.02.2014

Urlaub ist die schlimmste Zeit des Jahres. Jedenfalls aus Katzensicht. Die Glücklichen unter den kleinen Haustyrannen bekommen in dieser grauenhaften Phase ihren eigenen Wellness-Aufenthalt in einer schicken Katzenpension spendiert, wo man ganz in Ruhe essen, dösen und fremde Kratzbäume ruinieren kann. Die nicht ganz so Glücklichen bleiben bis auf kurzfristige Störungen durch den Catsitter tagelang vom eigenen Personal unbehelligt und können sich endlich mal ausgiebig mit Schränken, Sofas und Esstischen beschäftigen. Die weniger vom Schicksal Begünstigten müssen mitunter qualvolle drei Wochen lang die ungeteilte Zuwendung ihres Personals ertragen. Und die ganzen armen Schweine haben Personal mit Resturlaub.

Resturlaub ist die Hölle auf Erden. Das Personal in der Villa Lilly hat Resturlaub, bis im März etwas beginnt, das sich Umschulung nennt und weswegen das Personal schon ganz aufgeregt ist und ständig was von „Veränderung" und „Neuanfang" brabbelt – Worte, die aus Sicht der kleinen Hausherren und -damen einen bedrohlichen Unterton haben. Hoffentlich spielt sich dieses Umschulungs-Dings irgendwo anders ab, damit das Personal endlich wieder aus dem Haus ist und Ruhe einkehrt! Seit das Personal Resturlaub hat, ist es damit jedenfalls vorbei. Ständig kommt und geht es zu ungewohnten Zeiten, oder, was noch schlimmer ist: Es bleibt den ganzen Tag zuhause und verbreitet Unruhe und Unordnung.

In dieser Woche zum Beispiel hat es den Kleiderschrank, die Bücherregale und die Wohnzimmerschränke ausgeräumt und hat liebgewonnene Kameraden wie den alten schwarzen Wollmantel außer Hauses gebracht. Der alte schwarze Wollmantel hing schon im Kleiderschrank, als Lilly vor acht Jahren einzog. Er hing so rum und wurde nie getragen, gab aber ein prima Kuschelnest ab, wenn man sich in den Kleiderschrank gezwängt und ihn vom Bügel gezogen hatte. Und den hat die einfach in einen Sack gestopft und weggebracht!

Als nächstes wurden allerhand Kartons herein gebracht, was zunächst einigermaßen freudig begrüßt wurde. Die Katzen sitzen sehr gerne in Kartons, vor allem Flori. Kartons kann man auch umkippen, man kann auf sie drauf springen oder große und kleine Stücke von ihnen abfetzen. Kartons sind einfach multifunktional und ideale Katzenspielzeuge. Wohl aus diesem Grunde, mutmaßte Flori, wurde er auch unter mahnenden Worten hinaus gehoben, denn die Kartons sollten der Katzenhilfe gespendet werden. Vollkommen unlogischerweise wurden sie jedoch vorher noch mit Büchern und Nippes gefüllt. Flori wunderte sich sehr. Was sollten die armen hilfsbedürftigen Katzen denn mit Büchern und Nippes? Das Personal hatte echt nicht mehr alle Tassen im Schrank. Energisch machte Flori sich daran, die schönen Kartons für die armen Katzen wieder auszuräumen.

Das Personal war derweil zu neuen idiotischen Taten übergegangen und sah zu, wie ein kleines Rudel Stofftiere in der Waschmaschine seine Runden drehte, das danach zwei Tage lang zum Trocknen auf einem Handtuch saß und Lillys Stresspegel in die Höhe trieb. Lilly hat es sich zur Lebensaufgabe gemacht, jedem einzelnen ihrem Haushalt Angehörenden eine strenge, aber liebevolle Fürsorge angedeihen zu lassen. Dieser Aufgabe kommt sie mit einer Disziplin nach, die manches Mal an die Grenze zur Selbstaufopferung heran reicht. Neben dem unfähigen Personal, dem fetten Kind und dem Blödmann war bereits bei der Kleiderschrankaktion eine große Stoffmaus ans Tageslicht gekommen. Sie war aus dem alten schwarzen Wollmantel gefallen, aus dem Lilly einst eine Wurfhöhle gebaut hatte. Nun war sie wieder da und wurde mehrmals täglich unter aufgeregtem Maunzen in ein neues Versteck getragen. Bei einer dieser täglichen Runden kreuzte das Handtuch mit den Stofftieren Lillys Weg. Lilly blieb wie erstarrt stehen, ließ die Maus fallen und begann entsetzt zu schreien: Um Himmels Willen, noch mehr Waisenkinder!!!

Wie gut ist's doch, dass die Zeit vergeht und bald schon März ist.

Wenn Eltern alt und kindisch werden | 23.02.2014

Ja, früher *war* alles besser. Damals, in jenen goldenen Waldi-Eis-Jahren. Als das Wetter noch schön war, der Braune Bär einen auf den Punkt deliziösen Karamellkern hatte und Eltern der Fels in der Brandung waren. Wehmütig blicke ich zurück und appelliere dringend an die Mütter unter euch: Unterschätzt nicht diese wunderbaren Jahre, da eure Sprösslinge sich nicht von ihren Stofftieren zu trennen vermögen und in ihrer kindlichen Naivität noch daran glauben, dass ihr die Quelle aller Weisheit seid, die erwachsene Autorität, die zwar einerseits das Zimmeraufräumen gebietet, andererseits jedoch das allseits verlässliche Bollwerk darstellt gegen die Stürme des Lebens, die eine Kindheit schwer erschüttern mögen!

Allzu rasch ist sie doch verflogen, die unbeschwerte Kindheit, und es kommt der Tag, an dem man an die furchtbare Wahrheit nicht länger ignorieren kann: Eltern sind gar keine Helden. Manchmal fragt man sich angesichts ihres infantilen Gebarens sogar, ob man wirklich deren Kind ist oder vielleicht doch adoptiert wurde. Ich jedenfalls frage mich das seit Dienstag.

Es kann nicht anders sein, ich muss adoptiert sein. Ich bin ja nun ein sehr integerer und ausgesprochen vernünftiger Mensch, dem Albernheit und kindisches Benehmen total fremd sind. Nie würde ich mir zum Beispiel Strohhalme in die Ohren stecken, weil die Katzen dann so blöd gucken. Oder mir eine Decke überwerfen und auf allen vieren durch die Wohnung krabbeln, weil die sich dann aufpüscheln. Und schon gar nicht käme ich auf die Idee, heimlich in den elterlichen Garten einzudringen und dort die Gartenzwerge bis zur Zipfelmütze einzugraben. Ich bin schließlich erwachsen, da macht man so einen Tinnef nicht!

Umso stärker wurde ich in meinem Weltbild erschüttert, als ich am Dienstag nach einem Arztbesuch nach Hause kam und feststellen musste, dass meine (Adoptiv-?)Eltern meine Abwesenheit dazu benutzt hatten, in meine Wohnung einzudringen und den armen Flori brutal zu misshandeln. Bei meiner Heimkehr kamen mir Fritz und Lilly gleich entgegen gerannt, während Flori in seinem derzeitigen Lieblingsbettchen unter dem Couchtisch blieb und sich nur sehr schamhaft und zögerlich hervor wagte.

Und da sah ich es. Ich konnte es einfach nicht fassen. Außer meinen Eltern hat nur mein Vermieter einen Schlüssel für meine Wohnung, und dem traute ich es einfach nicht zu, dass er sich heimlich Zutritt verschaffte, um die Zutraulichkeit meines kleinen Lieblings schamlos zu einer solch schändlichen Tat auszunutzen.

Der entsetzliche Anblick unsäglichen Tierleids sollte mir noch nächtelang den Nachtschlaf rauben. Unbeschreibliches Leid spiegelte sich in den Augen der armen geschundenen Kreatur, als sie sich endlich aus dem Schatten hervor wagte – mit einer schwarz-weiß gestreiften Faschingsfliege für Hunde um den Hals!

Ich habe umgehend meine unmöglichen Eltern angerufen und zur Sau gemacht. Sie wollen Fritz jetzt einen Schlips kaufen.

Magic Staudensellerie | 02.03.2014

Verantwortung ist eine Pflicht, die man ernst nehmen sollte. Vor allem wenn man die schwere Last der Verantwortung für einen Katzenhaushalt trägt. Da kann man nicht einfach so leichtfertig und unbedacht tun und lassen, wonach einem gerade ist. Vielmehr sollte man sein eigenes Handeln stets im Hinblick auf die Sorge für den kleinen Liebling einer kritischen Reflexion unterziehen. Ernährungsgewohnheiten beispielsweise. Wer sich ungesund ernährt, der gefährdet ja nicht nur die eigene Gesundheit, sondern, was unbestritten noch viel schlimmer ist, das Wohl seiner Schützlinge! Wer soll sie schließlich adäquat versorgen, wenn man krank darnieder liegt!

Dergestalt bin auch ich am Wochenanfang einmal in mich gegangen und mit dem brennenden Wunsch nach Veränderung wieder aus mir heraus gekommen. Der von mir mit Inbrunst und Leidenschaft gelebte 3-P-Vegetarismus – Pizza, Pommes, Pasta – ist gewiss nicht angetan, meine körperliche Leistungsfähigkeit zu optimieren. Veränderung tut not! Entschlossen stürme ich die Gemüseabteilung im Supermarkt und kehre voll beladen mit den gesunden Werken der Natur heim an meine Wirkungsstätte.

Schön hätte ich es ja gefunden, wenn die vitaminreiche Naturkost auch in so hübschen Körbchen verpackt wäre wie in der Werbung, wo gesunde Menschen auch immer mit Körben am Arm dynamisch einher schreiten, die von taufrischen Möhren, Lauch und Salatköpfen nur so überquellen. Meine vitaminreiche Naturkost ist in Plastikkörbchen mit Folie drum rum und will auch nicht so recht taufrisch wirken. Ich packe sie erst mal aus und verfrachte sie in den Kühlschrank, ein Vorgang, der unweigerlich das Interesse meiner Mitbewohner weckt. Schlaftrunken kommt man in die Küche gewankt und hebt witternd die Nasen.

Ich schenke den Nasen zunächst keine Beachtung. Schließlich habe ich ja keine Milchprodukte eingekauft. Bei Milchprodukten wäre den Nasen meine ungeteilte Aufmerksamkeit gewiss. Erst als eine Nase mit Flori hinten dran auf den Schrank hüpft und ein Plastikkörbchen runter schmeißt, wende ich mich dem Geschehen zu meinen Füßen zu und erschrecke.

Das herunter geworfene Plastikkörbchen – es hat gerade eben noch einen Bund Suppengemüse beinhaltet – wird umgehend von Lilly gekapert, die den Kopf hinein steckt, aufgeregt quietscht und ekstatisch auf die Seite fällt. Fritz will daraufhin auch mal den Kopf ins Körbchen stecken, wird aber gleich angekreischt und geohrfeigt, worauf er verstört das Weite sucht, während Lilly sich grunzend und strampelnd auf dem Boden wälzt. Flori platscht vom Schrank, grabscht nach dem Körbchen und bringt es in seine Gewalt, um gleichfalls in einen Rauschzustand zu verfallen.

Ich stehe wie erstarrt vor dem Kühlschrank und beäuge argwöhnisch die Staudensellerie. Was halte ich da in Händen? Ein vitaminreiches Naturprodukt, frisch vom Felde eines kernigen Bauersmannes? Oder das mit Sardinen-Genen manipulierte Retortengewächs aus einem geheimen Forschungslabor des amerikanischen Landwirtschaftsministeriums? Welches ebenso fragwürdige wie unheilvolle geheime Massenexperiment einer profitorientierten Nahrungsmittelindustrie offenbart sich hier von meinen schockierten Augen im Gebaren meiner kleinen Lieblinge?

Mir reicht's jetzt. Sollen die doch Möhren knabbern, ich mach mir heute Katzenfutter mit Ketchup!

Brüderlich auf Fischfang | 08.03.2014

Die sensationelle Entdeckung einer Abbildung auf einer alten Keksdose, die Flori gestern aus dem Schrank geworfen hat, hat bestätigt, was das Personal im Hause Lilly schon seit längerem geahnt hat: Fritz und Flori sind tatsächlich Brüder! Nicht nur Brüder im übertragenen Sinne eines sie einenden kriminellen Ungeistes, nein, wirklich und wahrhaftig leibliche Brüder, die demselben Mutterleib entsprangen.

Die auf dem Deckel der Keksdose dargestellte Szene (eine Keksdosen-typische nostalgische Abbildung einer herzigen Katzenfamilie) beschreibt den dramatischen Moment, in dem sich die Wege der zwei Brüder auf schicksalhafte Weise trennen. Die Mutter ist offensichtlich ein ziemlich flotter Feger gewesen, wie man an ihrer bunten Kinderschar unschwer erkennen kann. Nun liegt sie matt und müde auf dem Teppich, denkt an ihre Flotte-Feger-Zeit und sinnt darüber nach, warum um alles in der Welt ihr Personal den Kastra-Flyer vom Tierschutz-Infostand nicht mitgenommen hat. Jetzt hat sie den Salat und vier Kinder an der Backe, von denen eins sogar noch schlechter hört als seine drei Geschwister. Da sieht man mal wieder, wohin es führt, wenn man sich vor der Zeugung nicht mit der Vererbungslehre und ihren Risiken auseinander gesetzt hat.

Der kleine Flori hat natürlich wieder mal nicht auf seine genervte Mama gehört – wie denn auch – und tapert leichtsinnig einem Marienkäfer hinterher, obwohl es doch hieß, geht nicht so weit weg, es gibt gleich Abendessen. Fritz sieht das Unglück kommen – bzw. gehen – und versucht verzweifelt, an Mutters Schulter rüttelnd diese auf den drohenden Verlust des tauben Kindes aufmerksam zu machen. Doch vergeblich! Die überforderte Teenie-Mutter hängt ihren Gedanken nach und hat keinen Blick für den entfleuchenden Sprössling übrig. Und so nimmt das Drama seinen Lauf! Hilflos muss Fritz mit ansehen, wie des geliebten Bruders Gestalt in der Ferne kleiner und kleiner wird, bis sie schließlich nicht mehr zu erkennen ist. Erst Jahre später wird das Schicksal sie wieder zusammen führen.

Und wie glücklich vor allem Fritz darüber ist, den geliebten Bruder wieder an seiner Seite zu wissen! Ja, jeder Tag mit Flori ist ein neuer Quell der Freude, vor allem aber der Mittwoch letzter Woche. Da hat das Personal nämlich ein leckeres Fischfilet mit Bratkartoffeln und grünem Salat gemacht – na okay, den Salat hätte man auch weglassen können. Aber Fischfilet! Fritz war ganz hingerissen und wollte dem Personal gar nicht mehr von der Seite weichen, als es seinen Teller zum Tisch trug und unterwegs Flori wieder aus dem Schlafzimmer holte. Flori hatte dort nämlich hinter verschlossener Tür die ganze Braterei abwarten müssen, weil mit seinen Pfoten den Pfannen viel zu nahe kam und das Personal nicht schon wieder in die Tierklinik fahren wollte. Nun war Flori arg beleidigt und ging erst mal gucken, was sich in seiner Abwesenheit auf dem Herd so getan hatte. Zu seiner Enttäuschung standen dort aber nur zwei Wassertöpfe. Frust baute sich auf und entlud sich am Messbecher, der auf dem Schrank herum stand und nun scheppernd durch die Küche flog.

Das Personal wandte sich kurz von seinem Teller ab und sprach ein paar mahnende Wort in Floris Richtung, was den Frustpegel nicht nennenswert senkte. Flori schob ein Päckchen Tortenguss und den Rührbesen hinterher, worauf das Personal vom Abendbrottisch aufstand und in die Küche ging, um ein ernstes Wort mit Flori zu reden und ihn, da ernste Worte in der Regel bei Flori keinen bleibenden Eindruck hinterlassen, auf den Rücken zu schmeißen und ihn an den Hinterfüßen eine Runde um den Küchentisch zu ziehen.

Während Flori und das Personal in der Küche ihre Gaudi hatten, schlich sich Fritz behutsam zum Abendbrottisch und stopfte sich die Backen voll, überwältigt von brüderlicher Liebe. Nicht nur dass Flori immer so schön das Personal ablenkt, damit Fritz sich ungestört an dessen Abendbrotteller bedienen kann, nein – er will anschließend nicht mal was von der Beute ab haben, obwohl das Personal gerade markerschütternd schreit: „FRIIIITZ!!!! Lass SOFORT den Fisch fallen!!!"

Das Archimedische Prinzip in der Strapstasche | 16.03.2014

Am 11.11.2010 ging ein Sturm namens Carmen über den Nordwesten Deutschlands hinweg. Das weiß ich noch, weil ich an diesem Tag meinen gebrauchten Kleinwagen abholte, der seither auf den schönen Namen „Carmen" hört. Dreieinhalb Jahre lang hat Carmen zuverlässig und ohne zu murren quengelnde Kater, Einkaufskisten und Kofferraumladungen voller Katzenstreusäcke transportiert und meine lautstarken Interpretationen von „Highway to Hell" klaglos ertragen. Doch nun werden unsere Wege sich trennen. Das Projekt „Umschulung" erfordert rigorose Sparmaßnahmen und einige Opfer. Drei Kilometer Schulweg kann man bequem mit dem Rad bewältigen, und es heißt Abschied nehmen von Carmen, AC/DC auf voller Lautstärke und viel Stauraum für leer gefutterte Bäckertüten, herum fliegende CD-Hüllen, Wasserflaschen und Katzenfallen. (Man sollte immer alles Notwendige dabei haben.)

Stattdessen muss nun alles Notwendige in eine Tasche passen, die man beim Radeln umhängen kann. (Bis auf die

Katzenfalle. Die habe ich dem Tierschutz gespendet.) Da ich meine ziemlich ramponierte uralte Arbeitstasche nach meiner Kündigung in einem feierlichen Akt in der Mülltonne beigesetzt habe, muss dringlichst ein neues Accessoire her, und so mache ich mich ein wenig wehmütig mit Carmen auf eine unserer letzten gemeinsamen Fahrten ins schöne Münster, wo nach einem vierstündigen Einkaufsmarathon endlich die meinen Ansprüchen genügende Tasche gefunden ist. Ich liebe Taschen aus rustikalen Textilien mit ganz vielen Schnallen, Strapsen, Reißverschlüssen und Fächern dran. Das sieht cool aus und bringt einem viele Sympathien ein, wenn man samstags kurz vor Mittag beim Aldi an der Kasse steht und durch all die Schnallen, Strapse und Reißverschlüsse zu seinem Portemonnaie vorzudringen versucht, das dann gar nicht in dem Fach ist, in dem es sonst immer war.

Daheim werde ich von drei übel gelaunten Katzen erwartet. Man hat in der Zeit meines Resturlaubs durch beharrliches Nörgeln und Nerven die Abendbrotzeit schrittweise auf halb vier vorverlegt. Nun ist es bereits halb fünf, was als unzumutbare Vernachlässigung empfunden wird. Unter anklagendem Geschrei versammelt man sich in der Küche, und ich beeile mich, schleunigst die Näpfe zu füllen, damit das Wehklagen ein Ende nimmt und ich mich in Ruhe an die Erkundung der Entstrapsung meiner neuen Tasche machen kann.

Während es aus der Mampfecke lautstark und zufrieden schmatzt, trage ich schon mal alles, was man so benötigt, zu einem großen Haufen zusammen: Regenzeug, Wasserflasche, Schreibzeug, diverse Bücher, Butterbrotdose, Gummibärchentüte, Kaugummipackung, Damen-Hygiene-Artikel,

Tempopäckchen, Portemonnaie, Papiere, Schweizer Taschenmesser. Der Haufen wächst. Mir kommen Zweifel. Ob das alles in die neue Tasche passt?

Mein kleiner Flori indes ist nicht nur ein sehr empathisches, sondern darüber hinaus auch ein hochintelligentes Tier. Nachdem er wie üblich als erster seinen Teller leer gesaugt hat, wird er auf die Nöte des Personals aufmerksam und entsinnt sich des Archimedischen Prinzips. Rasch errechnet er Gewichtskraft und Dichte seines Körpers, multipliziert sie mit der Erdbeschleunigung und setzt das Ergebnis in Relation zu dem Krempelhaufen, den das Personal errichtet hat. Hm, ja, müsste passen, denkt Flori und quetscht sich in die neue Tasche. Wenn das Taschenvolumen für Flori ausreicht, sollte es nach Archimedes auch für den Krempelhaufen reichen!

Brokkoliauflauf, behütet | 23.03.2014

Fast genau vierzig Jahre ist es nun her. Im September 1974, damals, als alles noch besser war und es noch Sommer gab und Waldi-Eis, da bekam ich einen unbequemen Ranzen aus orangefarbenem Leder mit Schnallen in Form von Katzenköpfen umgeschnallt und eine Schultüte in die Hand gedrückt und wurde aus dem Haus gejagt, um in die Schule zu gehen. Meine stolzen Eltern filmten das familiäre Großereignis auf Super 8 und führten es Jahre später an meinem sechzehnten Geburtstag meinen Freunden vor, was ich ihnen niemals verziehen habe.

2014. Ich habe mir eine coole Umhängetasche mit Wolfspfoten drauf gekauft und breche voller Erwartung auf zu meinem ersten Umschulungstag. Sechs Stunden lang hocke ich vor einem Rechner und schwelge in nostalgischen Gefühlen, denn den ganzen Mumpf über Rechte und Pflichten des Auszubildenden, das Betriebsbildungsgesetz und die betriebliche Mitbestimmung habe ich schon während meiner Ausbildung zum Mediengestalter gelernt und dann nie wieder gebraucht. Ja, das Waldi-Eis mag von der Bühne des Lebens verschwunden sein, aber manche Dinge ändern sich nie. Zum Beispiel die absonderliche Auffassung der Industrie- und Handelskammer, Kenntnisse über die Bildung eines Betriebsrates seien für den beruflichen Werdegang unabdingbar.

Zwei weitere Felsen in der stürmischen Brandung der Zeit sind Mama und Papa. Als ich mit meiner coolen Wolfspfoten-Umhängetasche nach Hause geradelt komme, stehen sie vor der Tür. Mit einer Schultüte und einem Camcorder. Und genau wie vor vierzig Jahren weigere ich mich, der Aufforderung „Jetzt lach doch mal, der Papa filmt!" Folge zu leisten.

Immerhin: Meine Vorräte an Gummibärchen und Schokolade sind erst mal wieder aufgefüllt. Während die Eltern heimwärts fahren, um das gesicherte Filmmaterial auszuwerten (zum Glück sind sie noch nicht dahinter gekommen, wie man bei YouTube was hoch lädt), kippe ich meine Schultüte aus und räume einen Zentner Schoki in den Schrank. Die Katzen tummeln sich derweil auf dem Balkon. Ich setze mir die Schultüte auf den Kopf und winke Flori. Flori staunt und startet mit Fritz ein Wettrennen zur Katzenklappe. Fritz gewinnt, kommt durch die Klappe gesprungen, erblickt mich mit meinem neuen Kopfschmuck und bleibt wie angewurzelt stehen. Flori kann nicht rechtzeitig bremsen und prallt mit voller Wucht auf Fritz. Während Flori einen Alarm-für-Cobra-11-reifen Überschlag vollführt – leider ist das Kamerateam zu diesem Zeitpunkt bereits nicht mehr vor Ort –, steht Fritz immer noch vor der Katzenklappe und reißt die Augen auf. Ich wackele mit dem Kopf und dem schönen neuen Hut, worauf Fritz panisch die Flucht ergreift und Flori über den Haufen rennt, der sich gerade wieder aufgerappelt hat. Flori setzt sich auf den Hintern und bleibt erst mal, wo er ist. Wer weiß, wo er hin fliegt, wenn er sich diesmal auf die Pfoten stellt. Solange das Personal dieses komische Ding auf dem Kopp hat, rührt er sich jedenfalls lieber nicht von der Stelle.

Ich nehme meinen neuen Hut ab und verwahre ihn sorgfältig bis zum Abendbrot. Einigen Leuten mag es ein wenig exzentrisch erscheinen, mit einer Schultüte auf dem Kopf Brokkoliauflauf zu essen. Aber die müssen auch nicht immer um alles kämpfen, was mit Käse überbacken ist.

BildscharbHaKatzHaBeschV | 30.03.2014

Ich weiß schon, dass ich ganz bestimmt nicht Betriebsratsvorsitzende werde. Hingegen darf mein zukünftiger Chef (der Glückliche!) mich gerne zur Sicherheitsbeauftragten ernennen. Da sehe ich durchaus mein Potenzial. Ich bin nämlich sehr auf Sicherheit bedacht. Zum Beispiel stöpsele ich immer meinen Wasserkocher nach Gebrauch aus, weil ich schon zweimal im Lokalteil von Wohnungsbränden aufgrund selbstentzündeter Wasserkocher gelesen habe. Ich stehe auch manchmal nachts auf und gehe auf die Straße, um zu gucken, ob das Auto wirklich abgeschlossen ist. Und ich habe gleich zwei Fahrradhelme. Ja, als Sicherheitsbeauftragte werde ich gewiss in meinem zukünftigen Betrieb Firmengeschichte schreiben!

Den Leistungstest zum Thema „Gesundheitsschutz und Unfallverhütung am Arbeitsplatz" habe ich vorgestern mit einer glatten Eins gemeistert, und jetzt arbeite ich schon mal an einem Thema, das bislang meiner Ansicht nach von den Berufsgenossenschaften bei der Ausarbeitung der Bildschirmarbeitsplatzverordnung sträflich vernachlässigt wurde. Ich denke, es ist an der Zeit, § 5 der BildscharbV um Absatz 1 zu erweitern: „Besondere Anforderungen an die zeitliche und ergonomische Gestaltung von Bildschirmarbeitsplätzen Hauskatzen haltender Beschäftigter." Vielleicht könnte das aber auch gleich eine ihrer Bedeutung für den Arbeitsschutz gemäße ganz neue Verordnung werden. BildscharbHaKatzHaBeschV oder so. Ich fände das angemessen.

Bislang hatte ich ja nie Rückenschmerzen. Um mich herum haben fast alle Menschen Rückenschmerzen, was bei mir durchaus ein gewisses Mitgefühl auslöst. So verzweifelt wie die Rückenschmerzen immerzu beklagt werden, scheint es mir ein ziemliches Übel zu sein, Rückenschmerzen zu haben, und ich war immer herzlich froh, davon verschont zu sein. Obwohl ich häufig schwere Sachen herum schleppte, Gasflaschen und 90-Ah-Batterien und Zwanzigerkartons mit 25-mm-Stahlgestängen, hatte ich niemals Rückenschmerzen. Blaue Flecken an den Schienbeinen schon, wenn ich mir eine

Gasflasche davor gedengelt hatte. Aber niemals Rückenschmerzen.

Jetzt bin ich grade mal zwei Wochen in der Schule und sitze den ganzen Tag auf einem ergonomisch geformten Stuhl herum, und was hab ich? Richtig. Rückenschmerzen. Vor allem nachts habe ich Rückenschmerzen. Dann wache ich auf und drehe mich von rechts nach links und von links nach rechts, und dennoch zieht es in meinen Lendenwirbeln. Ich drehe mich trotzdem. Man soll sich ja bewegen. Bewegung tut gut bei Rückenschmerzen.

Unglücklicherweise wird das Drehen häufig stark erschwert durch eine straff um mich herum gespannte Bettdecke, die ein störungsfreies Hin- und Herdrehen zur Entlastung der Lendenwirbelsäule fast unmöglich macht. Links neben mir schnarcht nämlich ein zusammen gerolltes Katertier, während rechts neben mir ein lang ausgestrecktes Katertier in mein Ohr atmet. Meine Arme sind links und rechts unter der Decke an meinen Körper gepresst und können nicht zur Katerentfernung eingesetzt werden.

Mist. Jetzt fängt auch noch meine Nase an zu jucken, und ich kann mich nicht kratzen. Und derart festgepresst und beidseitig von zwei kleinen Kraftwerken freigiebig mit Körperwärme versorgt, bricht mir der Schweiß aus. Ich versuche, durch Ruckeln und Strampeln irgendwelche Körperteile frei zu kriegen. Stelle fest, dass an meinen Füßen offensichtlich auch noch jemand liegt, denn von dort kommt ein empörter Aufschrei, und Schläge prasseln auf meine Schienbeine nieder. Divenkrallen gehen auch durch die dickste Kamelhaar-Bettdecke. Aua, aua.

Rechts neben mir wird der Ohrenatmer wach und wickelt mir unter wohligem Seufzen die Vorderbeine um den

Hals. Die Luft wird knapp. Ich beginne zu röcheln. Links neben mir hört es auf zu schnarchen, stattdessen wird aufgestanden und unter Ächzen und Stöhnen ein wenig Dehngymnastik betrieben. Ich schöpfe Hoffnung. Vielleicht steht der ja auf und geht weg, und ich kann mich von Decke und Vorderbeinen ein wenig befreien?

Zu früh gefreut. Der Schnarcher sucht durchaus ein noch weicheres Lager und klettert auf meinen Bauch, wodurch sich offensichtlich die Gallensteine verschieben, denn von dort kommt nun auch ein leises Ziehen. Ich gebe einen gepeinigten Laut von mir. Meine Schienbeine kriegen noch ein paar Kratzer: Kannst du jetzt mal RUHE geben? Ich kann nicht schlafen bei dem Gejaule!

Die Stunden vergehen. Ich liege verdreht in die Decke gewickelt, während Lendenwirbel, Gallensteine und Schienbeine den Wettbewerb „Top 3 der fiesesten Schmerzen" untereinander austragen. Wenigstens muss ich morgen früh nicht mein rechtes Ohr waschen, denn das wird gerade hingebungsvoll vom Würger geputzt, ohne dass die Umklammerung meiner Kehle deswegen nennenswert vernachlässigt wird. Auf meinem Magen wird öfter mal aufgestanden und sich hin- und her gedreht. Und am unteren Bettende sind meine Füße im Weg und werden unter verärgertem Gemotze ein bisschen an die Seite geschoben. Mir wird immer heißer. Und jetzt furzt auch noch einer.

Manchmal bin ich richtig froh, wenn der Wecker klingelt. § 5 Abs. 1 BildscharbV bzw. § 1 BildscharbHaKatzHaBeschV stelle ich mir in etwa so vor: „Der Arbeitgeber ist verpflichtet, Bildschirmarbeitsplätze Hauskatzen haltender Beschäftigter neben einer den ergonomischen Erfordernissen angepassten Sitz- auch mit einer ebensolche Schlafgelegenheit auszustatten."

Schwestern zur Sonne, zur Freiheit!

Rettet das Klima | 06.04.2014

Die zu warme und zu trockene Großwetterlage des diesjährigen Winters lässt für den Sommer 2014 ein sogenanntes Ausgleichsverhalten erwarten. Das heißt: Vermutlich wird dieser Sommer zu kühl und zu nass. Das erleichtert mich ungemein.

Alle, die wie ich ihren Sommerurlaub daheim verbringen, mögen mir diese egoistische Äußerung bitte nicht übel nehmen, sondern sich lieber schon mal eine Packung Tempos holen, denn die Entbehrungen, die dieser Sommer für die Bewohner der Villa Lilly bereit hält, sie werden all denjenigen Tränen des Mitgefühls in die Augen treiben, die gleich mir die Sorge für Glück und Wohlbefinden ihrer kleinen Hausgenossen tragen.

In den fünf Jahren, die wir nun hier leben, träumte das Haus einen seligen Dornröschenschlaf. Leider tragen Dornröschenschlafe, so romantisch sie auch anmuten und so friedvoll es sich mit ihnen leben lässt, wenig zur Energieeffizienz bei. Und darum wird das Haus nun rundherum gedämmt. Die Haushälfte neben uns, die einige Zeit leer gestanden hat, soll demnächst wieder Nachbarschaft beherbergen. Meine kleinen Hütekatzenmädels nämlich samt Personal.

In dieser Woche ging es bereits mächtig zur Sache. Nebenan wurde gestemmt, gebohrt, gerumpelt und geklopft, was das Zeug hielt. Lilly ist sehr ungehalten, Fritz kotzt und Flori kapiert mal wieder nicht, warum alle sich so aufregen. Okay, der Boden kribbelt manchmal unter den Pfoten, aber das ist doch lustig! Da muss man doch nicht schlechte Laune haben oder sich vor Schreck übergeben. Manchmal sind die anderen echte Mimosen. Als neulich zwei Männer im Blaumann kamen und mit fachmännischer Miene und Zollstöcken an den Fenstern rum hantierten, haben die sich sogar unter dem Sofa verkrochen! Flori war der einzige, der sofort mitgeholfen hat. Jedenfalls bis das blöde Personal ihn ins Bad gesperrt hat.

Total super war auch, dass ein Teil der Rückwand unserer Balkonüberdachung abgebaut wurde, weil ein schweres Teil nur per Kran herunter transportiert werden kann und der Kran wiederum nur an unseren Balkon heran fahren kann. Jedenfalls kann man jetzt super auf den ganzen Bauschutt auf dem Nachbarbalkon gucken. Was im Übrigen auch die sozialen Kontakte zum fetten Kater aus der Nachbarschaft gefestigt hat. Der kommt nämlich jetzt jeden Abend zu Besuch, um den Fortgang der Umbauarbeiten zu inspizieren und auf einem zerfledderten alten Stuhl inmitten des Gerümpels zu thronen. Man kreischt und knurrt sich eine Weile an, dann springt der Nachbar von seinem Podest, pinkelt ans Gehege und lässt drei aufgebüschelte und entrüstete Artgenossen zurück. (Gestern Abend kam es leider auch zu einem mittelschweren Unfall, da der Besuch in einem Moment auftauchte, da der Rollladen noch nicht herab gelassen, die Katzenklappe jedoch verriegelt war – gegen die Flori mit vollem Anlauf knallte.)

Heute Morgen ist die Welt schon wieder in Ordnung. Flori hat keine Kopfschmerzen mehr, Fritz' Frühstück ist noch nicht wieder zum Vorschein gekommen, nebenan ist es ruhig, und das Personal hat aus den herum liegenden Rückwandbrettern Catwalks im Gehege gebaut und auf die sonntägliche Radtour verzichtet, um den Gebeutelten Gesellschaft zu leisten. Fröhlich genießt man den warmen Sonnenschein, klettert auf den neuen Catwalks herum und guckt die Bauschutthaufen an.

Einzig das Personal ist ein wenig melancholisch gestimmt. Denn was die armen Lieblinge noch nicht wissen: Im Zuge der Renovierung wird in diesem Sommer das Katzengehege abgebaut. Sechs Wochen lang wird niemand von uns auf den Balkon gehen dürfen. In diese sechs Wochen fällt übrigens mein Urlaub, den ich solidarisch mit meinen zu Hausarrest verurteilten Lieblingen in der Wohnung verbringen darf, während ringsherum gelärmt und gestaubt wird. Das wird ein Spaß!

Das Antonym | 12.04.2014

Lesen soll ja auch ein bisschen bilden, und darum lernen wir heute Fremdwörter am praktischen Beispiel. Das Fremdwort, das wir lernen werden, heißt Antonym. Antonym wäre auch ein schöner Katzenname, nebenbei bemerkt, denn Antonym ist klangvoll und so charakteristisch für die Gattung Felidae, hat es doch in der wörtlichen Übersetzung die Bedeutung von „Gegenteil". Für „Hinterteil" gibt es bestimmt auch ein schönes Fremdwort. Vielleicht lernen wir das später. Nun aber erst einmal zum „Gegenteil" am plastischen Beispiel von „Hinterteil".

Das Hinterteil der Katze bereitet dem Katzenhalter oft Verdruss, findet man es im Tagesablauf doch in der Regel stets dort, wo es eigentlich nichts zu suchen hat und häufig auch recht störend wirkt. Auf der Zeitung etwa, die man gerade lesen will, oder auf der frisch gebügelten Bluse, die man soeben aus dem Schrank genommen hat. Und selbst wenn sich das Hinterteil an einem ihm zugedachten Ort befindet, dem Katzenklo zum Beispiel, so bedeutet dies nicht zwangsläufig einen reibungslosen Gang der Dinge.

Es ist frühmorgens. Müde hocken Sie im Flur und schaufeln mit dem Schäufelchen im Katzenklo herum, als nicht minder müde Ihr dicker Kater heran geschlurft kommt und sich schwerfällig hinein hievt. Ein ungnädiger Blick signalisiert Ihnen, dass gerade ein ganz schlechter Zeitpunkt ist, ausgerechnet das mittlere Katzenklo sauber machen zu wollen. Grade auf das Klo und kein anderes will der dicke Kater. Er könnte auch auf das erste Klo gehen. Das ist schon sauber. Aber eben auch drei Schritte weiter, und wie gesagt: Der Kater ist noch müde. Das geht auf keinen Fall. Also unterbrechen Sie ihre Arbeit. Sie sind eh schon spät dran, weil Sie direkt nach dem Aufstehen schon einen Kotzhaufen vom Teppich kratzen, das Wasser aus der umgekippten Blumenkanne aufwischen und die zerfledderten Überreste der Fernsehzeitung zusammen puzzeln mussten. Da kommt es auf die paar Minuten auch nicht an.

Der Kater hat sein Loch gegraben und sich mit griesgrämiger Miene nieder gelassen. Leider nicht nieder genug, wie Sie bemerken, denn das Katerhinterteil befindet sich exakt oberhalb des Katzenklorandes. Was Sie jetzt auf gar keinen

Fall tun sollten, ist, auf das Hinterteil zu drücken. Wenn Sie auf das Hinterteil drücken, wird sich dieses nicht in die sichere Umrandung des Katzenklos herab senken. Im Antonym! Immerhin handelt es sich um ein Katzenhinterteil. Wenn Sie sich erdreisten, da drauf zu drücken, werden Sie statt des gewünschten den antonymen Effekt herbei führen. Das Hinterteil wird sich reflexartig in die Richtung bewegen, aus der der Druck kommt. Und dann stehen Sie da mit Ihrem Schäufelchen und schreien das S-Wort, obwohl das nicht den Kern der Sache trifft. (Das ist Ihnen in diesem Moment jedoch auch kein großer Trost.)

Während Sie die Schaufel von sich werfen und den Wischeimer holen, führt der schläfrige Kater aufrecht stehend zu Ende, wozu er her gekommen ist. Als Sie mit dem Feudel heran keuchen, hat er sich gerade umgedreht, um sein Werk zu begutachten, und rümpft angewidert die kleine rosa Nase. Bäh! Die Wand ist nass, was ist das denn für eine Sauerei? Blöderweise ist der Dicke auch noch taub, und so hört er nicht, wie Sie „Nein Flori nein!!!" schreien, während er energisch die feuchte Stelle mit einer vollen Ladung Katzenstreu trocken legt. Sie brauchen etwa eine Viertelstunde, um den innovativen Rauputz zu entfernen.

Ihr Zeitmanagement ist heute das Antonym von optimal.

Xanthippe backt Apfelstruwen | 19.04.2014

Nicht ohne Grund hat der engagierte Tierfreund zum Osterfest ein leicht zwiespältiges Verhältnis. Zum einen künden grünende Bäume, blühende Tulpen und die ersten herum summenden Mücken vom Herannahen der schönen Sommerzeit, und man bekommt Besuch und Kuchen. Doch es werden auch Hasen in die trostlose Einsamkeit eines Nagerheims im Kinderzimmer verschenkt, Schäfchen in Braten umgewandelt und Hühner ausgebeutet. Und selbst für unseren Freund, den Stubentiger ist die Osterzeit eine Zeit der Qualen und Misshandlungen.

Bereits in der Nacht zum Karfreitag wandelt sich so mancher Katzenfreund in eine zänkische Xanthippe, die nachts mit ihrer armen Katze herum keift, sie solle sofort damit aufhören, schon wieder die zum Backen vorgesehenen Äpfel aus der Obstschale zu schmeißen und in der Küche herum zu kullern, das hätte letztes Jahr schon Theater gegeben, und die böse Lilly möge das gefälligst umgehend unterlassen! Und das scheinheilige „Mau?!! (Wer – IIICH??? ICH roll doch keine Äpfel durch die Küche!"), das könne sie sich auch sparen, die beiden Kater schnarchten schließlich in Xanthippes Bett und verfügten somit ausnahmsweise über ein wasserdichtes Alibi.

Nach einer Nacht in einer derart vergifteten Atmosphäre von Streit und bösartigen Anschuldigungen darf es nicht verwundern, dass am anderen Tag die Stimmung karfreitagsmäßig gedrückt ist und sich erst hebt, als die Äpfel aufgeklaubt und feine Leckerlis wie Milch und Eier aus dem Kühlschrank geholt werden. Hmmm, Milch! Freudig schart man sich um Xanthippe, die offensichtlich zur Vernunft gekommen ist und eine Runde schmeißen will. Doch ach! „Weg mit euch, da kriegt ihr Durchfall von!" wird man rüde beschieden.

Durchfall! So'n Quatsch. Unglücklich sieht man zu, wie die ganze schöne Milch mit den leckeren Eiern an eine Schüssel Mehl verschwendet und zu einer klebrigen Pampe verrührt wird. Bäh! Und dann kommen auch noch Rosinen und geriebene Äpfel rein. Man berät sich eine Weile und schickt dann Flori vor, der in einem unbeobachteten Moment von der Pampe probiert und den anderen zuruft, sie sollten rasch kommen, das schmecke besser als es aussehe, und es sei auch noch genug für alle da. Doch noch bevor sich die Gefährten an den Aufstieg machen können, wird der arme Flori brutal gepackt und unter Hinweis auf „Bauchschmerzen" und „Blähungen" wieder zu Boden gesetzt.

Männo! Unterdessen hat Fritz das Butterschmalz entdeckt, das in einer Pfanne herum schwimmt, und sich leise angepirscht. Bevor er jedoch seine Pfoten danach ausstrecken kann, wird er fort gerissen und unter lautstarkem Gekreische von „Pfanne", „heiß" und „Pfötchen" ebenfalls zu Boden gesetzt, bevor es an der Spüle weiter kreischt, wo Flori gerade die Milchreste aus dem Messbecher leckt. Jetzt fängt auch Lilly an zu kreischen und will gerade auf Xanthippes Fuß hauen, der jedoch schon wieder in Richtung Fritz trampelt, der sich soeben erneut in Richtung Pfanne aufmacht. Dabei landet Xanthippes Fuß auf Lilly Pfötchen.

So eine Unverschämtheit! Normalerweise wird in so einem Fall sofort die Leckerchendose aufgemacht und untertänigst um Verzeihung gebeten, aber an Ostern lässt der Katzen-Jekyll offenbar dem inneren Hyde freien Lauf. Die Hyde-Xanthippe klemmt sich einen Kater unter jeden Arm und stampft in Richtung Schlafzimmer, wobei sie was von „Pfötchen verbrennen", „Ostern in die Tierklinik" und „reicht mir jetzt" schreit. Lilly rennt entrüstet hinterher und schreit auch was, das man hier nicht wiedergeben kann, und dann sind auf einmal alle im Schlafzimmer eingekerkert und müssen hilflos mit anriechen, wie köstliche Duftschwaden durch die Wohnung ziehen.

Übrigens hat Xanthippe nach dem letztjährigen Apfelschwund dieses Jahr gleich sechs Äpfel fürs Ostergebäck gekauft, damit auch ja nichts schief geht. Drei wurden verbacken, zwei konnte sie wegschmeißen, und wo der letzte Apfel ist, das weiß nur Lilly. Aber sie verrät es Xanthippe nicht, denn: Strafe muss sein!

Sie wird's schon merken, wenn es stinkt und schimmelt.

Hotel Mama | 27.04.2014

Soziologen beobachten seit einigen Jahren einen nachlassenden Trend zur Selbstständigkeit bei jungen Menschen. Speziell bei männlichen jungen Menschen. Immer häufiger sieht der männliche junge Mensch keinen Sinn darin, hinaus in die Welt zu ziehen und sich selbst die Ravioli warm zu machen. Viel lieber bleibt er daheim, wo Mutti ihm die Hemden bügelt und die Waschmaschine bedient. Für Mutti ist das häufig gar nicht schön. Tatenlos muss sie mit ansehen, wie ihre Vitalität und Attraktivität vom trägen Fluss des Lebens langsam, aber unerbittlich hinfort getragen werden, indes der Sprössling noch mit dreißig auf dem mütterlichen Sofa hockt, an Leibesfülle zunimmt und einen Hang zu komischen Hobbies entwickelt. Will Mutti noch was vom Leben haben, bleibt ihr oft nichts anderes übrig, als den phlegmatischen Steckbildschaffenden bei fragwürdigen Doku-Soaps im Privatfernsehen an die Frau zu bringen.

Zivilisatorische Entgleisungen dieser Art lassen sich in zunehmendem Maße auch auf das Haustier übertragen. Das männliche junge Haustier steht seinem menschlichen Pendant in punkto Selbstständigkeit nur wenig nach. Wenn ich mir meine männlichen jungen Haustiere manchmal so anschaue, dann frage ich mich oftmals beklommen, wann sie wohl anfangen werden, Pullunder zu tragen und sich mit Malen nach Zahlen zu beschäftigen.

Wenn Mutti eines Tages beschließt, dass sie ihren Lebensabend nicht beim Mau-Mau-Spielen mit dem fetten Nerd auf dem Sofa verbringen möchte, kann die Situation schnell eskalieren. Vor allem, wenn ein fremdes männliches Wesen sich anschickt, die traute Zweisamkeit zu stören und sich an Mutti ranzuschmeißen, neigt der unselbstständige Spross nicht selten zu ebenso irrationalen wie infantilen Reaktionen.

Es ist Freitagabend in der Villa Lilly. Noch ist das Gehege an seinem angestammten Platz, wegen der angenehmen Temperaturen steht die Balkontür auf, die Diva und das dicke Kind genießen die laue Frühlingsluft. Auch Fritz hat Frühlingsgefühle, die er wie gewohnt an der Wolldecke abarbeitet. Das Personal liegt auf dem Sofa und guckt Fernsehen, als mit einem Mal ein entsetzliches Wehklagen einsetzt. Klagende, kummervolle Laute. Wie eine Heulboje mit

Zahnschmerzen. Oder ein dicker Kater, dessen Welt gerade untergeht.

Selbst Fritz vergeht bei diesem Wehgeschrei die Lust auf die Wolldecke, die das Personal sich soeben grummelnd vom Bein wickelt, um nachzusehen, was dort draußen vor sich geht. Fritz schleicht vorsichtig hinterdrein. Wenn da draußen ein Katzenschlächter sein Unwesen treibt, dann soll das Personal besser die Vorhut bilden. Fritz kann dann schnell weg laufen und Hilfe holen, sobald Blut fließt.

Es ist aber kein Katzenschlächter draußen. Nur der Nachbarskater. Er steht direkt vor dem Gehege, und drinnen steht Lilly und köpfelt durchs Gitter. Hinter Lilly steht Flori und heult sich fassungslos die Seele aus dem Leib. Der soll weggehen! Das ist seine Mama, und sie wollten grade Mau Mau spielen, und danach wollte er ihr noch sein neues Steckbild zeigen und sie fragen, ob sie das Loch in seinem Lieblings-Pullunder stopfen kann!

Doch Mutti hat den kleinen Schatz total vergessen. Leidenschaftlich schnurrt der Nachbarskater durchs Gitter und schmeißt sich angesichts des heißen Schildpattfegers auf den Rücken. Lilly ist hingerissen. Flori heult in den höchsten Tönen. Das Personal geht schnell wieder aufs Sofa, solange die Wolldecke noch frei ist. Fritz schleicht auf den Balkon, schaut eine Weile ratlos auf den sich wälzenden Nachbarskater, den heulenden Flori und die verzückte Lilly und steckt schließlich vorsichtig eine Pfote durchs Gitter, um dem Fremden zaghaft den Schädel zu tatzeln.

Dafür ist Mr. Lover-Lover jedoch nicht zu haben. Indigniert erhebt er sich, stiefelt zur Treppe und pinkelt rasch noch ins Gemüsebeet, bevor er weiter durch die Nacht zieht. Lilly haut Fritz was an die Ohren, das Personal wickelt sich

in die Wolldecke und Flori rennt schluchzend ins Schlafzimmer, um dem Rivalen um Muttis Gunst vom Fensterbrett
aus noch ein paar Schmähungen hinterher zu rufen. Der soll
ja nicht wieder kommen! Mutti soll sich schließlich um Flori
kümmern!

Flittchen!

Disziplin, das A und O bei der Katzenernährung
I 04.05.2014

Die deutsche Hauskatze ist das überfütterte Opfer einer
überfürsorglichen und allzu nachgiebigen Wohlstandskul-
tur, so lautet ein nicht totzukriegendes Klischee, das vermutlich von garstigen und puritanischen Zeitgenossen in die
Welt gesetzt wurde, die sich selbst mit fadem Essen und
leiblicher Ertüchtigung selbst kasteien und anderen den
Genuss am Leben daher nicht vergönnen können. Das ist
nicht nur schändlich, es ist auch vollkommen falsch!

Es ist sechs Uhr morgens an einem Samstag. Kater Flori
hat Hunger. Normalerweise steht sein Personal um halb
sechs auf und füttert ihn, aber heute muss es nicht zur Schule und liegt faul in den Federn. Flori muss, um nicht den
Hungertod zu sterben, unter die Bettdecke kriechen und
versuchen, ein wenig Fleisch von den Zehen des Personals
zu nagen. Schwerstarbeit für die bereits geschwächte Kie-
fermuskulatur, denn die Zehen sind von einer widerspens-
tigen Hornhaut umhüllt, aber immerhin geht nun das Licht
an, und die Zehen mit dem Personal hinten dran verlassen

endlich das Bett und watscheln in die Küche, um die Futternäpfe zu füllen.

Sechs Uhr dreißig. Kater Flori hat Hunger. Das Personal steht im Bad rum und schrubbt seine Zähne. So ein Blödsinn. Flori schrubbt nie seine Zähne, totale Zeitverschwendung. Die Zehen stecken in Pantoffeln und lassen sich nicht abnagen. Als die Pantoffeln in die Küche zurückkehren, ist Flori schon wieder stark geschwächt. Das Personal hantiert ein bisschen mit der Kaffeemaschine herum und holt dann endlich die Frischkäsebecher aus dem Kühlschrank. Flori entscheidet sich für Frischkäse mit Kräutern und macht schon mal den Deckel auf. Das Personal wedelt mit den Armen und nimmt Flori den Becher weg. Hilflos muss Flori mit ansehen, wie der Frischkäse auf Knäckebrot geschmiert wird. Flori mag nicht gern Knäckebrot. Wann gibt es endlich Leckerlis?

Sechs Uhr fünfundvierzig. Der Kaffee ist fertig, die Knäckebrote sind geschmiert, und endlich wird die Leckerlidose aus dem Schrank geholt. Flori bekommt ganze fünf Leckerlis, für die er strapaziöse anderthalb Runden um den Küchentisch hoppeln muss. Das verbraucht mehr Energie, als durch die Leckerlis herein kommt, und grenzt an Tierquälerei.

Sechs Uhr fünfundfünfzig. Erschöpft liegt Kater Flori vor dem Backofen. Das Personal setzt sich an den Tisch und öffnet eine kleine Flasche mit probiotischem Joghurtdrink. Kater Fritz steht auf dem Tisch und versucht, auch was aus der Flasche zu kriegen. Das Personal schreit, Fritz solle von der Zeitung gehen. Fritz geht auch, als das Personal etwas Trinkjoghurt auf seinen Teller gießt. Kater Flori liegt vor dem Backofen und schreit so lange, bis er auch einen Teller mit etwas Trinkjoghurt kriegt. Katze Lilly schreit von ihrem Kissen im Wohnzimmer so lange, bis sie auch einen Teller mit etwas Trinkjoghurt kriegt.

Halb acht. Kater Flori hat Hunger. Das Personal ist im Bad und hat die Tür zu gemacht. Drinnen plätschert Wasser. Gemeinschaftlich kratzen Lilly, Fritz und Flori an der Tür, bis diese wieder auf geht. Man rennt in die Küche und schaut in die Näpfe, doch die sind leer. Das Personal geht auf den Balkon und beginnt, Blumen auszugraben und in Plastiktüten zu stecken. Die Katzen gehen auch raus. Draußen ist es kalt. Die Katzen gehen wieder rein und schreien hinter der Scheibe, dass sie Hunger haben.

Neun Uhr. Das Personal kommt wieder rein. Die Katzen schreien, dass sie Hunger haben. Das Personal erklärt, dass es nun wegfahre, um die Blumen zu einer Freundin mit Garten zu bringen. Die Blumen können nicht auf dem Balkon bleiben wegen der anstehenden Sanierung. Die Blumen interessieren die Katzen einen feuchten Kehricht, und sie schreien, dass sie Hunger haben. Bevor das Personal mit den Blumen wegfährt, spendiert es noch eine Runde Leckerlis, um den Abschiedsschmerz zu lindern.

Vierzehn Uhr dreißig. Das Personal war nach der Pflanzenadoptionsaktion noch in einem Trödelladen und hat jetzt Hunger. Es kann aber noch nicht nach Hause fahren und was essen, denn es hat Catsitterpflichten bei den Nachbarkätzchen. Kätzchen Chili ist bereit halb verhungert und hockt während der Katzenkloreinigung auf der Schulter des Fremdpersonals, um an dessen Haaren zu nagen. Wieder einmal geht das Personal mit einer schicken Frisur nach Hause.

Fünfzehn Uhr. Kater Flori hat Hunger. Endlich kommt das Personal nach Hause, das wurde aber auch Zeit! Das Personal füllt die Näpfe, macht sich einen Tee und ein Brot und nimmt sich die selbst gebackenen Muffins, auf die es sich schon den ganzen Tag gefreut hat. Eigentlich wollte das Personal sich Hanteln kaufen, sieht aber ein, dass es die nicht braucht. Sechs Kilo Kater beim Muffin essen zu stemmen ist auch kein schlechtes Training.

Fünfzehn Uhr zehn. Kater Fritz hat ein leer gegessenes Muffinförmchen geklaut und rennt damit Richtung Couchtisch. Das Personal rennt hinterdrein, den zweiten Muffin in der Hand und Flori vom Arm schüttelnd. Katze Lilly missfällt das, vor allem, da sich das Rennen und Schütteln unmittelbar vor ihrem Ruhekissen abspielt. Lilly steht auf und stellt sich dem Personal in den Weg. Fritz nutzt seine Chance und rennt um den Couchtisch herum. Das Personal rennt hinter Fritz her. Lilly rennt hinter dem Personal her. Flori hoppelt hinterdrein. Fritz flüchtet unter den Küchensessel. Das Personal rückt den Küchensessel beiseite. Lilly rupft am Hosenbein des Personals. Das Personal schreit, Lilly soll das sein lassen. Fritz nutzt seine Chance und rennt ins Wohnzimmer. Das Personal rennt hinterher, Lilly rennt hinter dem Personal her. Flori hoppelt hinterdrein. Fritz verschanzt sich unter dem Ikea-Sessel und fängt hastig an, das Muffinförmchen aufzufressen. Das Personal kreischt und versucht, Fritz unter dem Sessel hervor zu ziehen. Lilly kreischt auch und schließt ihre zahnlosen Kiefer fest um die Ferse des Personals. Flori hat den auf dem Couchtisch zwischengeparkten Muffin entdeckt und frisst ihn auf. Das Personal hat sich aufgerappelt und weicht Schritt für Schritt vor Lilly zurück, die wie eine Sirene heult und nach dem Personalschienbein haut. Fritz nutzt seine Chance, rennt zum Couchtisch und verleibt sich weitere Teile des Muffinförmchens ein. Das Personal greift zum letzten Mittel und schreit „FUTTER!!!!!"

Schlagartig verstummt die Sirene, Fritz lässt das halb aufgefressene Muffinförmchen fallen und Flori würgt die letzten Bröckchen Zitronen-Kokos-Muffin runter. Friedlich schnurrend schart man sich um das Personal, das noch eine Runde Leckerlis schmeißt und schleunigst die Muffinförmchen einsammelt.

Zwanzig Uhr dreißig. Kater Flori hat Hunger. Das Personal sitzt am Schreibtisch, bewundert die allabendliche Pipi-Performance des wohl genährten Nachbarkaters an seinen verbliebenen Blumentöpfen und tippt seinen Wochenbericht fürs Katzentagebuch, um die Leser zu lehren, wie man Katzen richtig ernährt.

Neue Fenster | 11.05.2014

Erinnern Sie sich noch? Wir hatten einen warmen, wonnigen Frühling voller Sonnenschein. Wie üblich ging er allzu schnell vorüber. Jetzt ist es windig, kalt und regnerisch, man kann die Heizung wieder andrehen, und mit dem typisch deutschen Sommer hat noch etwas anderes typisch deutsches in der Villa Lilly Einzug gehalten: Die Handwerker.

Vor einigen Wochen waren die Handwerker schon einmal da. Sie maßen die Fenster aus, sprachen kryptische Dinge miteinander und schworen feierlich, das Datum des Fensteraustausches vier Wochen im Voraus anzukündigen. Es würde aber, so sprachen die Handwerker, ohnehin mit dem Aufbau eines Baugerüstes einher gehen, denn die Dämmarbeiten und der Fenstertausch sollten in kurzer zeitlicher Abfolge stattfinden. Sobald ich ein Gerüst am Haus erblickte, so sprachen die Handwerker, sollte ich mich mental auf ihr baldiges Erscheinen einstellen und mit mir übereingekommen sein, ob Lilly, Fritz und Flori für die lärmende und staubende Zeit des Fenstertausches einen Kurzurlaub bei einer Bekannten aus dem Tierschutz machen oder doch lieber daheim kaserniert werden sollten.

Jeden Tag war ich froh, wenn ich bei meiner Heimkehr kein Gerüst erblickte, denn ich gehöre nicht zu den entscheidungsfreudigen Menschen. Auch am Dienstag ist noch kein Gerüst da. Meine Vermieterin überrascht mich dennoch mit der wundervollen Neuigkeit, dass die Handwerker die Fenster nun schon fertig hätten und in der noch leeren Haushälfte neben mir bereits mit dem Einbau begonnen hätten. Am Donnerstag würden sie dann gerne in meiner Wohnung weitermachen.

Ich maule und greine ein wenig. Schließlich ist noch kein Gerüst da. Und von Dienstag bis Donnerstag sind es auch keine vier Wochen, in denen man nochmal über die Kurzurlaubversion für die Katzen nachdenken kann. Aber dann entscheide ich mich doch spontan für die Kasernierungsoption, nehme mir zwei Tage schulfrei und gehe Wurst kaufen. Mit Wurst habe ich Lilly schon ein paarmal ins Schlafzimmer gelockt. Das letzte Mal, als sie wegen eines Tierarztbesuches gekäschert werden musste.

Lilly wird mit zunehmendem Alter immer vergesslicher. Gerne vergisst sie, dass sie vor einer Viertelstunde schon was gegessen hat, dass sie nachts nicht jodeln soll und wer diese Person ist, die sich ungefragt auf dem Sofa breit macht. Den Wursttrick hat sie nicht vergessen. Wie ein Denkmal steht sie am Morgen des Fenstereinbaus vor der Schwelle zum Schlafzimmer, wedelt empört und funkelt mich wütend an: Du glaubst doch wohl nicht, dass ich darauf noch mal reinfalle?

Es gibt Situationen, in denen man sich ein moralisch einwandfreies Handeln einfach nicht erlauben kann. Zum Beispiel morgens um halb sieben, wenn man nur noch eine halbe Stunde Zeit hat, eine widerborstige Diva in einen Raum zu manövrieren, den sie partout nicht betreten möchte. Ich trampele in die Küche, klemme mir den verblüfften Flori unter den Arm und renne zurück ins Schlafzimmer, wobei ich lauthals „Nein Flori nein böser Flori!" schreie und unterwegs noch einen Stuhl um rempele. Flori staunt nicht schlecht, freut sich aber, als das Personal ihm nach dem rasanten Transport auch noch einen Flug von der Schlafzimmertür ins Bett spendiert. Fritz ist angesichts der plötzlichen Aufregung bereits auf den Schrank geflüchtet, und die Furie hat den Schlafzimmerteppich schon zur Hälfte überquert, als die Tür zuknallt und ihr dämmert, dass das Personal Tricks auf Lager hat, die Lilly noch nicht kennt.

Während Lilly sich unter dem Dielenschrank verbarrikadiert und Fritz hinter der Kiste mit dem Weihnachtsbaumschmuck in Deckung geht, ist Flori ganz aus dem Häuschen. Cool – die Katzenklos stehen im Schlafzimmer! Cool – der Lesesessel steht im Schlafzimmer! Cool – das Personal ist im Schlafzimmer, und es hat leckere Frischkäsebrote dabei! Cool – die Tür ist zu!

Hä?! Moment mal – die Tür ist zu? Gar nicht cool! Wieso ist die Tür zu? Und warum verstecken sich die anderen?

Was ist hier überhaupt los? Sind da etwa fremde Leute in der Wohnung? Wieso wackeln auf einmal die Wände? Alter! Das sind irgendwie keine good vibrations.

Es dauert nicht lange, bis es Flori langweilig wird. Er gräbt ein bisschen im Katzenklo herum, versucht Fritz zum Abstieg vom Schrank zu bewegen und ersteigert bei ebay eine tolle Hantelbank für das Personal, als es kurz auf dem Klo ist und den Laptop unbeaufsichtigt auf dem Bett herum stehen lässt. Dann kriecht er zu Lilly unter den Dielenschrank und geht ein bisschen im Wurmloch spazieren. (Katzen können das, weil sie das Zeit-Raum-Kontinuum beherrschen. Darum verschwinden in Katzenhaushalten auch so viele Dinge. Weil sie in Wurmlöchern versteckt sind.) Von dort bringt er die erstaunlichsten Dinge mit, die von Zeit zu Zeit unter dem Dielenschrank hervor gekullert kommen: Ein gelber Snackball, eine Kastanie, ein blauer Deko-Apfel, ein Blümchen aus Stoff, diverse Plüschmäuse, eine Brotkruste, eine Taschenlampe und ein paar Damen-Hygiene-Artikel. Das Personal kommt zu dem Schluss, dass im Wurmloch dringend mal geputzt werden müsste, denn als Flori selbst wieder auftaucht, ist er voller Spinnweben. Igitt. Das Wurmloch-Personal scheint eine schlampige Hausfrau zu sein.

Fritz verspürt unterdessen einen zunehmenden Druck auf der Blase und versucht verzweifelt, das Katzenklo durch telepathische Befehle dazu zu bewegen, sich in die Lüfte zu erheben und auf dem Kleiderschrank zu landen, was aber nicht klappt. Wahrscheinlich wegen der vibrations. So ein Mist aber auch. Fritz nimmt all seinen Mut zusammen, hüpft vom Schrank und rennt so schnell er kann zum Klo, wo er sich so schnell er kann erleichtert. Flori ist ganz außer sich vor Freude und umso enttäuschter, als der entleerte Kumpel wieder auf dem Schrank verschwindet. Langweiler! Spielverderber!

Zum Lohn für die ganze Aufregung lassen die Handwerker über Nacht ihr Werkzeug da, weil sie ja am Freitag noch das Schlafzimmerfenster einsetzen müssen. Cool!!! Die ganze Nacht über haben die Katzen einen Riesenspaß und sind morgens voller Staub und Krümel. Endlich mal eine katzengerechte Wohnungseinrichtung mit Schutteimern, Werkzeugkisten und jeder Menge alter Wolldecken!

Leider tauchen mit der Morgensonne auch die Handwerker wieder auf. Lilly verkriecht sich umgehend gemeinsam mit Fritz unter dem Sofa und ist sehr stolz auf diese raffinierte Finte. Umso fassungsloser muss sie mit ansehen, wie die Handwerker trotzdem rein kommen und im Schlafzimmer eingesperrt werden, was Fritz in Panik versetzt: Wie soll er jetzt auf seinen geliebten Kleiderschrank kommen?

Flori sitzt derweil in einem Schutteimer und macht ein unschuldiges Gesicht. Als die Handwerker das Schlafzimmer verlassen, um auf dem Balkon zu rauchen, huscht er rasch hinein und inspiziert die Baustelle, während das Personal kopflos die ganze Wohnung nach ihm absucht. Flori schüttelt den Kopf, als die Handwerker wieder herein kommen und er die Baustelleninspektion abschließen kann, und sieht dem aufgeregten Personal eine Weile zu. Dann entdeckt er die Gehegetür, die die Handwerker offen gelassen haben, und spaziert neugierig auf den Balkon hinaus.

Das Personal fängt ihn wieder ein, bevor er die Baustelle in der Nachbarwohnung inspizieren kann, und sinkt erschöpft mit Flori im Sessel nieder, wo Super Mario sich zufrieden zusammen rollt und nach der anstrengenden Arbeit einschläft. Eine Stunde später ist dann auch das Schlafzimmerfenster an Ort und Stelle, die Handwerker sind samt Schutteimern und Werkzeugkisten verschwunden, Fritz und Lilly schlummern selig auf dem Sofa und das Personal nimmt rasch noch eine Kopfschmerztablette, bevor es sich müde daran macht, dem Zementstaub zu Leibe zu rücken.

Neue Fenster schaffen wirklich Atmosphäre.

Exotische Tiere liegen im Trend | 18.05.2014

Das Thema Haustierhaltung spaltet die Nation. Tiefe Kluften gehen quer durch die gesellschaftliche Mitte bis hinein in Familien und Partnerschaften. Die größte Zustimmung erfährt das Thema in der Bevölkerungsgruppe der unter Zehnjährigen und führt nicht selten zu großen Konflikten mit den adulten Mitgliedern des Haushalts. Auch in der Gruppe der über Zehnjährigen wird es kontrovers diskutiert, speziell unter gegengeschlechtlichen Angehörigen dieser Bevölkerungsgruppe, die noch ganz am Anfang der Planungsphase einer Haushaltserweiterung durch unter Zehnjährige stehen. Da kann das Vorhandensein von Haustieren, einer Würgeschlange beispielsweise oder eines munteren Trupps von achtzehn Katzen, schon mal eine solche Planungsphase im Keim ersticken. Einige gesellschaftliche Randgruppen lehnen die Haustierhaltung gar radikal ab, Anatidaephobiker etwa oder PETA-Mitglieder oder Vermieter.

Dieser besorgniserregenden, den inneren Frieden gefährdenden Entwicklung gilt es Einhalt zu gebieten. Wissenschaftler haben daher jetzt ein Haustier entwickelt, das alle Ansprüche der Katzen-, Würgeschlangen- und Fischbefürworter mit denen der radikalen Haustierablehner vereint. Es ist super anhänglich, lebenslang treu, geräuschlos und ohne jeden Aufwand zu halten, und ich hab es auch schon: Staub!

Staub ist einfach super. Wenn ich nach Hause komme, dann wartet er schon an der Tür auf mich wie ein treuer Hund. Aber er nervt nicht damit rum, dass er was zu essen haben will wie meine Katzen. Er liegt einfach so da und freut sich, dass ich komme. Staub heftet sich auch an meine Hosenbeine, genau wie der Fritz, aber ohne dass ich deswegen dauernd stolpere. Er nimmt ständig an Umfang zu wie Flori, ohne dass ich mich deswegen dauernd mit schweren Futterdosen abschleppen muss. Und er geistert die ganze Nacht rum und flust alles voll wie Lilly, aber ohne dabei zu jodeln. Und er ist sehr robust in der Haltung. Mein Aquarium zum Beispiel, das mache ich lieber an Tagen sauber, an denen meine Hände noch nicht mit möglicherweise toxisch wirkenden Putzmitteln in Berührung gekommen sind. Sonst liegen die Garnelen schnell mal auf der Seite. Staub macht das überhaupt nichts aus! Staub kann man ruhig mit irgendeinem Mega-Power-Ratzfatz-Dreckweck mit antibakteriellem Lotuseffekt kommen, der schon so riecht, als könnte man eine Büffelherde allein durch Aufdrehen der Verschlusskappe betäuben, weswegen man das Zeug auch nur mit Mundschutz und Gummihandschuhen ins Wischwasser kippen darf. Staub kann man da drin dreimal hintereinander baden, und er tummelt sich immer noch munter und unversehrt auf dem Fußboden.

Staub ist für alle Gesellschaftsschichten leicht erschwinglich. Wer keine großen Ansprüche oder nicht viel Geld hat, der findet im Haus- und Straßenstaub einen Freund fürs Leben. Wer es ein bisschen exklusiver mag und gerne wissen möchte, was er sich da ins Haus holt – beim Haus- und Straßenstaub weiß man ja schließlich nie, was drin steckt –, der kann sich reinrassigen Zementstaub vom Fensterbauer liefern lassen. Das ist ein bisschen teurer, aber da weiß man, was man hat. Und auch bei Staub zeigt sich der allgemeine Trend zur Exotik: Saharastaub ist schwer im Kommen! Allerdings ist diese Wildform des Staubs noch nicht ausreichend domestiziert und neigt in der Wohnungshaltung zu Verhaltensauffälligkeiten, weswegen Experten Anfängern in der Staubhaltung von dieser Variante abraten. Nur wer seinem Staub genügend Auslauf auf dem Autodach anbieten kann, sollte sich an die Haltung dieser Exoten wagen.

Gut verträglich sind übrigens alle Staubarten mit bereits vorhandenen Haustieren. Vor allem mit der Hauskatze geht der Staub eine fast schon symbiotische Beziehung ein. Wenn man unter sein Sofa schaut und sieht, wie sich Staub und Katzenhaare dort in inniger Gemeinschaft aneinander kuscheln – welchem Tierfreund würde da nicht das Herz aufgehen?

Wenn nun nach der Lektüre all dieser Vorzüge der Wunsch in Ihnen aufgekeimt ist, sich auch so einen flauschigen kleinen Racker ins Haus zu holen: MELDEN SIE SICH BEI MIR! Ich habe jede Menge Nachwuchs abzugeben. Ich will auch nix dafür!!!!!

Geschlechtstrieb bei 30 Grad | 24.05.2014

Nun ist sie wieder angebrochen, Fritzens schlimmste Jahreszeit: Der Sommer. Und dieses Jahr ist der Sommer noch viel, viel grässlicher als im letzten Jahr. Kaum hat es über dreißig Grad, sitzt der Kater auf dem Kleiderschrank und weigert sich, herab zu steigen. Denn großes Unrecht ist ihm widerfahren, Schreckliches hat man ihm angetan!

Dienstagabend. Die Sonne scheint, die Luft ist drückend, und es riecht nach Bratwurst. Fritz hat schlechte Laune. Auch nach anderthalb Jahren im Hause Lilly ist Fritz nach wie vor der Meinung, dass sich schlechte Laune am allerbesten an Lilly auslassen lässt. Also wird Lilly, die glücklich auf der Bank liegt und die Pfoten in die Sonne hält, so lange genervt, bepfötelt und drangsaliert, bis sie aufspringt und hinein rennt. Fritz rennt hinterher. Das Personal streckt in deeskalierender Absicht seinen Fuß in die Rennstrecke. Für gewöhnlich setzt Fritz elegant über ausgestreckte Personalfüße hinweg, was Lilly einen kleinen Vorsprung verschafft, aber heute wirkt sich die Hitze negativ auf die Reflexe aus, und Fritz rammt den Personalfuß. Die Personalzehen machen Knacks, und Fritz' Nase macht Plonk. Eigentlich nicht weiter schlimm. Die Personalzehen machen häufig Knacks, wenn das Personal mal wieder barfuß durch die Wohnung schlurft und mit Möbeln, Türrahmen oder Dingen, die auf einmal da liegen, wo sie sonst nicht liegen, in Konflikt gerät. Auch Fritzens Nase macht häufig Plonk, wenn mitten in der schönsten Florijagd auf einmal der Couchtisch im Weg steht. Während das Personal Fritz den Knacks nicht übel nimmt, kann man das Gleiche nicht von Fritz behaupten, was das

Plonk angeht. Fritz ist zutiefst beleidigt und zieht sich zum Schmollen auf den Kleiderschrank zurück. Das Personal steht unten, fleht um Verzeihung und ringt die Hände und die Leckerlidose, aber Fritz fühlt sich misshandelt und lässt nicht mit sich reden. Erst zwei Stunden später steigt er vom Schrank herunter. Er hat wie jeden Abend ein Bedürfnis, und dazu braucht er das Personal. Teile vom Personal jedenfalls.

Das Personal liegt auch wie jeden Abend auf dem Sofa und hat die benötigten Teile von sich gestreckt. Um das Maß der Ungeheuerlichkeiten voll zu machen, sind die benötigten Teile jedoch nicht unter der Wolldecke! Fritz stapft eine Weile auf dem Sofa herum und wirft den unbedeckten Personalbeinen zutiefst angewiderte Blicke zu. Das Personal erklärt, es sei nun mal zu heiß für Wolldeckenbedeckung, es hätte Kreislauf und Fritz solle auch an den seinen denken und bei großer Hitze seine Bedürfnisse zurück stellen.

Das sieht Fritz nun überhaupt nicht ein. Erst wird ihm ins Gesicht getreten, und dann darf er nicht mal zum Trost seine Wolldecke beglücken. Entweder er darf jetzt auf seine Wolldecke, oder er schreibt an PETA, Greenpeace und Amnesty International! Und wenn das nicht hilft, dann setzt er seine tödlichste Waffe ein!

PETA, Greenpeace und Amnesty International sind vermutlich noch auf dem Weg, und so lange kann Fritz nicht warten. Er hüpft auf das Highboard und starrt das Personal mit der unglücklichsten Miene an, derer er fähig ist (und wie Eingeweihte wissen, ist Fritz der ungeschlagene Weltmeister der Trauermimik.)

Diesem geballten Psychoterror hält das labile Personal nicht lange stand. Bei achtundzwanzig Grad im Schatten deckt es seine Beine mit der dicken warmen Wolldecke zu, auf der Sekundenbruchteile später ein erhitzter Kater tretelt. Was soll's, denkt das Personal noch, wozu gibt es Kreislauftropfen, bevor ihm schwarz vor Augen wird.

Diepdidiepdidiepdidiep | 31.05.2014

Auf Krisensituationen bereitet man sich am effizientesten durch rechtzeitige Trockenübungen vor. So kann man, ist die Krise eingetreten, souverän reagieren und hat somit die besten Voraussetzungen, die Situation unbeschadet zu überstehen. Zum Beispiel indem man übt, sich rasch zu ducken wie in den Fünfzigerjahre-Lehrfilmen des amerikanischen Katastrophenschutzes zum Umgang mit herab fallenden Atombomben. Nur wer vorbereitet ist, überlebt!

Eine ähnlich sinnvolle Übung findet von Zeit zu Zeit in der Villa Lilly statt, wenn auch ungeplant und ganz spontan. In noch ungewisser Ferne dräuen schließlich gehegelose Wochen mit verriegelter Katzenklappe. Darauf sollte man seine kleinen Lieblinge rechtzeitig trainieren, sonst drohen blutige Katzennasen und blutige Personalfüße.

Eine erste unfreiwillige Katastrophenschutzübung absolviert der Haushalt bereits am frühen Mittwochabend. Kalt ist's, und es regnet, und weil das Wetter sich so von seiner erfrischenden Seite zeigt, genießen Lilly und das dicke Kind die gute Luft draußen auf den klammen Polstern ihrer Bank. Fritz und das Personal hingegen genießen drinnen die Wolldecke (der eine mehr, der andere weniger.) Eine ziemlich nasse und zerrupfte Meise hängt derweil an dem mit

Sonnenblumenkernen befüllten Tannenzapfen, den das Personal im Winter für die hungernde Vogelwelt aufgehängt hat und der monatelang keinerlei Beachtung erfahren hat. Das Personal war ein wenig vergrätzt deswegen. Der Tannenzapfen hat immerhin 3,99 Euro gekostet, und es hätte sich ein wenig mehr Würdigung der naturbelassenen Köstlichkeit gewünscht.

Gerade denkt das Personal an den Artikel aus der „Service-Garten"-Rubrik der Tageszeitung, in dem daran gemahnt wurde, verschmähte Meisenbällchen und Tannenzapfen im Frühjahr abzuhängen, damit faule Meisenmütter mit dem ranzigen Zeug nicht ihre Brut füttern, als die Brut auch schon piepsend und flatternd ihren ersten Flugversuch beendet. Und zwar am Gitter des Katzengeheges. Das Personal schreit „Ach du Sch…", schlägt ohne Rücksicht auf ohnehin bereits traumatisierte Kater die noch nicht fertig bearbeitete Wolldecke beiseite und rennt barfuß auf den Balkon hinaus, wo Lilly und Flori fassungslos den angelandeten Flederwisch anstarren.

„Husch! Husch!" schreit das Personal und wedelt mit den Armen. Das Meisenkind flattert, piepst freudig und sperrt den Schnabel auf. „Flieg weg!" schreit das Personal. Das Meisenkind hüpft auf den Katzentisch und sperrt den Schnabel auf. „Ach du Sch…!" schreit das Personal. (Manchmal ist es wenig kreativ in seiner Wortfindung.) Hinter dem Personal plumpst Lilly von der Bank. Das Personal schmeißt rasch Flori in die Wohnung, schiebt Lilly mit dem Fuß hinterher, knallt die Tür zu und verriegelt die Katzenklappe. Das Meisenkind piepst empört und reißt den Schnabel auf.

Unter den Katzen machen sich Unmut und Verwirrung breit. Fritz hat sich aus der Wolldecke befreit und versucht gemeinsam mit Flori, die Katzenklappe aufzuhebeln, während Lilly am Fenster steht und sich aufregt. Eine Frechheit! Da landet unversehens ein Dessert auf dem Balkon, und das Personal macht die Tür zu!

Die Meisenmutter hat einen Kern aus dem Tannenzapfen gepickt und flattert ins Gehege, um das Meisenkind zu füttern. Das Meisenkind freut sich. Super hier, alles überdacht und Essen frei Haus!

Das Personal drückt sich vorsichtig durch die Tür nach draußen und macht sie rasch hinter sich zu. „Flieg weg! Los, flieg weg!" fordert es das Meisenkind auf und schwenkt wild die Arme. „Diepdidiepdidiep!" macht das Meisenkind, flattert wild mit den Flügeln und sperrt den Schnabel auf. „Du sollst endlich ABHAUEN!!!" brüllt das Personal und schwenkt noch wilder die Arme. „Diepdidiepdidiep!!!" macht das Meisenkind, flattert noch wilder mit den Flügeln und sperrt noch weiter den Schnabel auf. Die große Meise scheint ein bisschen blöd zu sein. So große Flügel, aber keine Ahnung von Kinderaufzucht.

Das Personal stupst das Meisenkind an. Das Meisenkind flattert vergnügt und sperrt den Schnabel auf. Hinter dem Personal wird gerade versucht, die Balkontür aus den Angeln zu heben, und die Blicke, die Lilly dem Personal durch die Scheibe hinweg zuwirft, lassen auch keinen allzu harmonischen weiteren Verlauf des Abends erwarten. „Hau ENDLICH ab!!!" kreischt das Personal. Das Meisenkind guckt erstaunt zu ihm hoch, denkt kurz nach und sperrt den Schnabel auf.

Das Personal gibt auf. Es schlüpft durch die Tür in seine mit einem Male gar nicht mehr so heimelige Wohnstatt, lässt den Rollladen herunter und erträgt den häuslichen Terror geschlagene fünf Minuten. Dann lässt es die anderen Rollladen auch herunter, verteilt das allabendliche Betthupferl an die meuternden Hausgenossen und geht früh schlafen mit dem beunruhigenden Gefühl, dass ihm ein schwerer, schwerer Sommer bevor steht …

Nudelsalat, schnell und einfach | 08.06.2014

Pfingsten 2014: Ein Jahrhundertwochenende mit Bratwurst-, Schwimm- und Kreislaufkollapswetter ist angekündigt! Und die angedrohten Sanierungsarbeiten am häuslichen Außenbereich sind vermieterseits in noch ungewisse sommerliche Fernen vermurmelt worden, „so Juli, August oder so, also jedenfalls bis Ende des Jahres." Da heißt es: Carpe diem, carpe Balkon! Freudig eilt das Personal in den Verbrauchermarkt, kauft einen Sechserpack Tofu-Bratrollen und lädt ein Rezept für einfachen, schnellen Nudelsalat aus dem Internet herunter.

Internet-Rezeptplattformen sind toll. Die Zutatenlisten sind keine DIN-A-4-Seite lang und enthalten auch nicht so komische Sachen wie Piment, Wacholderbeeren oder frischen Koriander, sondern Kram, der in den meisten Kühlschränken auch tatsächlich beheimatet ist. Nudeln, eine Dose Erbsen und Möhren, eine Flasche Salatcreme und ein Beutel Tiefkühl-Schnittlauch jedenfalls finden sich selbst in den Vorräten eines Personals, das keine Kochsendungen guckt.

Ein wichtiger Hinweis jedoch fehlt den Internet-Rezepten und sorgt für viel Verdruss bei der praktischen Umsetzung der Schnell-und-einfach-Anleitung: Der Zusatz „Ein schnelles und einfaches Rezept für Haushalte OHNE KATZEN."

In einem Katzenhaushalt gibt es keine schnellen und einfachen Rezepte. Das Rezept für schnellen und einfachen Nudelsalat beispielsweise geht so: Kochen Sie die Nudeln nach Anweisung. Gießen Sie die Nudeln durch ein Sieb ab. Halten Sie das Sieb über Ihren Kopf und bringen Sie es auf den Balkon, wo die Nudeln auskühlen können, ohne aus dem Sieb gefischt zu werden. Achten Sie aber darauf, ob es zu regnen anfängt. In diesem Falle holen Sie das Nudelsieb wieder rein, halten es über Ihren Kopf und stellen es in der Duschkabine ab. Vergessen Sie nicht, die Duschkabinentür gut zu verschließen.

Öffnen Sie nun die Dose mit den Erbsen und Möhren. Sollte Ihnen dieser Schritt auch im elften Anlauf nicht gelingen, weil Ihr Kater das Geräusch der sich öffnenden Dosenlasche als Signal zur Katzenfutterverabreichung missinterpretiert hat, verbringen Sie das Tier in einen verschließbaren Raum, beispielsweise das Schlafzimmer. Wiederholen Sie diesen Vorgang so lange, bis die Tür geschlossen ist, bevor der Kater wieder hinaus geschlüpft ist und an der Erbsen-und-Möhren-Dose hantiert. Ignorieren Sie die Kratzer und Bisse an Ihrer Hand und gießen Sie die Erbsen-und-Möhren-Flüssigkeit aus der Dose ab. Geben Sie die Erbsen und Möhren auf einen Teller.

Haben Sie zwischenzeitlich einen Blick auf die Duschkabinentür, an der Ihr anderer Kater energisch arbeitet. Hält die Duschkabinentür stand, kehren Sie in die Küche zurück und beginnen Sie damit, die Möhrchen klein zu schneiden. Haben Sie zwischenzeitlich einen Blick auf die Schlafzimmertür, an der Ihr eingesperrter Kater arbeitet. Bilden sich bereits Splitter am Außenfurnier? Prima. Schneiden Sie die Möhrchen weiter.

Haben Sie zwischenzeitlich einen weiteren Blick auf die Vorgänge im Bad, aus dem mit einem Mal die infernalischen Schreie Ihrer Katze ertönen. Es könnte sein, dass sie sich aufregt, weil der im Bad befindliche Kater unter Zuhilfenahme des Bügelbretts den Trockner erklommen hat und sich nun anschickt, sich von oben des in der Duschkabine befindlichen Nudelsiebes zu bemächtigen. Entnehmen Sie der Duschkabine das Nudelsieb. Ignorieren Sie die Kratzer und Bisse an Ihren Füßen. Halten Sie das Nudelsieb über Ihren Kopf und kehren Sie in die Küche zurück. Geben Sie die Nudeln in eine Schüssel.

Bevor Ihre Trommelfelle und Ihre Inneneinrichtung allzu großen Schaden nehmen, heben Sie den dicken Kater vom Trockner und lassen Sie den maulenden Kater aus dem Schlafzimmer. Kippen Sie rasch die Erbsen und Möhren zu den Nudeln in die Schüssel. Stellen Sie fest, dass Sie viel zu viele Nudeln gekocht haben. Geben Sie diese unter lautem Fluchen zurück ins Sieb und halten Sie die beiden Kater mit dem Kochlöffel auf Abstand.

Schneiden Sie nun die Tüte mit dem Tiefkühl-Schnittlauch auf. Achten Sie darauf, keine Schnurrhaare mit abzuschneiden. Geben Sie den Schnittlauch ebenfalls in die Schüssel und stellen Sie beim Versuch, alles zu vermengen, eine erhöhte Klebetendenz der Nudeln fest. Rutschen Sie dabei nicht auf zurückgegebenen Nudeln aus dem Sieb auf, die Ihre Kater zwischenzeitlich in der Küche verteilt haben.

Gießen Sie etwas Olivenöl über die pappende Angelegenheit. Beachten Sie: Olivenöl enthält gesunde ungesättigte Fettsäuren und wirkt gesundheitsfördernd auf Haut und Haarkleid unserer Vierbeiner. Das wissen auch Ihre Katzen! Schrauben Sie die Flasche umgehend wieder zu. Umgekippte Olivenölflaschen sind eine große Sauerei in der gepflegten Küche und führen später zu Verdauungsproblemen Ihrer Lieblinge.

Geben Sie zum Schluss Salatcreme über die vermengten Zutaten und rühren Sie gründlich um. Setzen Sie die restlichen Hände und Füße ein, um Ihre drei Katzen von der Schüssel fernzuhalten. Ignorieren Sie Kratzer und Bisse. Decken Sie Ihren Nudelsalat gut mit Frischhaltefolie zu und stellen Sie die Schüssel in den Kühlschrank. Verschließen Sie den Kühlschrank mit der Kette, mit der Sie während Ihrer aktiven Tierschutz-Zeit die Katzenfalle angekettet haben, wenn vor lauter Katzenkörben kein Platz mehr für sie im Auto war.

Wischen Sie nun noch die Nudeln auf, die Ihr dicker Kater grade ausgekotzt hat. Achten Sie darauf, während dieser Tätigkeit nicht auf der Salatcreme-Spur auszurutschen, die Ihr anderer Kater hinterlassen hat, als er den Umrühr-Löffel quer durch die Küche geschoben hat.

Fertig! Guten Appetit.

Straßen, auf denen es ständig rumst und klirrt, sind in der Regel keine guten Reviere für Freigänger-Katzen. Da ich an einer Straße wohne, auf der es ständig rumst und klirrt, achte ich bei Haushaltserweiterungen nicht nur auf die soziale Verträglichkeit des Kandidaten, sondern auch auf einen eventuell vorhandenen Freiheitsdrang. Bei Lilly, Fritz und Flori zum Beispiel ist der Freiheitsdrang nur sehr rudimentär ausgeprägt. Lilly wird ab und an einmal von seniler Bettflucht ergriffen. Dann nutzt sie die Gelegenheit eines schwer mit Einkäufen beladenen Personals, um durch die Gehegetür zu entschlüpfen und sich mit rebellischer Miene unter dem Balkontisch zu verschanzen. Das Personal muss sie dann ein paarmal untertänigst bitten, doch wieder herein zu kommen, worauf Lilly keifend und schwanzwedelnd ins Wohnzimmer rennt, sich unter dem Couchtisch verschanzt und sich entsetzlich über das überstandene Abenteuer echauffiert. Auch Flori nutzt von Handwerkern versehentlich offen gelassene Türen schon mal gerne, um sich auf dem Balkon ein bisschen umzusehen, lässt sich aber klaglos wieder in die Sicherheit des Geheges verbringen. Und Fritz ist es selbst im Gehege schon mulmig. Im Sommer ist er immer schlecht gelaunt, weil er ganz alleine auf dem Sofa liegen muss.

Wegen des Gerumses und Geklirres und bestimmt auch wegen der Gefahren für Freigängerkatzen hat nun unsere Stadtverwaltung entschlossen gehandelt und nach langen und schweißtreibenden Sitzungen im Verkehrsplanungsausschuss einen absoluten Geniestreich zur Minimierung der

Verkehrsgefährdungen ersonnen: Mit einem Eimer gelber Farbe wurden sämtliche Parkboxen vom Bürgersteig auf die ohnehin recht enge Straße verlegt, Tempo-20-Schilder aufgestellt und Betonpömpel verteilt. Die in den aufgemalten Parkboxen geparkten Anwohnerautos beruhigen jetzt den Verkehr. Das ist total effektiv. Der Verkehr ist jetzt so beruhigt, das glaubt man gar nicht. Die meiste Zeit ist er so beruhigt, dass sich in beiden Richtungen einfach gar nichts mehr bewegt. Wenn sich dann was bewegt, sehen alle zu, dass sie so schnell wie möglich – in jedem Falle weitaus schneller als 20 km/h – weg kommen. Drei Nachbarkatzen haben den Geniestreich der Verkehrsplanung bereits mit ihrem Leben bezahlt, es klirrt und rumst jetzt andauernd, die Nachbarschaft läuft Sturm und das Fernsehen war auch schon da.

Ich kriege jetzt bestimmt eine Medaille von der Stadtverwaltung. Vorgestern war es nämlich Carmen, der Stolz meines Fuhrparks, die heroisch in ihrer Parkbox stehend einen Raser stoppte und dabei schwer lädiert wurde. Der Raser machte sich aus dem Staub, die Nachbarn sammelten die Trümmerteile von der Fahrbahn und notierten sich das Kennzeichen, und das Personal verbrachte ein super Wochenende mit Polizei, Herumtelefonieren und einem total verzweifelten jungen Unfallfahrer, der nun allerhand Probleme an der Backe hat.

All das ist natürlich nichts gegen die traumatischen Auswirkungen, die das Geschehen auf die sensiblen Hausgenossen hatte. Dauernd klingelte das Telefon und die Türglocke, das Personal rannte aufgescheucht herum, die Essenszeiten verschoben sich. Die Katzen standen vorübergehend nicht im Mittelpunkt des Personalinteresses!

Drei Welten waren in ihren Grundfesten erschüttert. Fritz wurde zänkisch, Lilly musste brechen und Flori kriegte Durchfall, dass um ein Haar das Katzenklo explodiert wäre.

Gegen Abend eskalierte die Lage. Fritzens aufgestauter Unmut entlud sich an Flori, was Flori sich wiederum nicht bieten lassen wollte, worauf man als blökendes Knäuel durch die Küche rollte und sich gegenseitig in die Ohren biss. Das Personal hörte auf, vom Schlafzimmerfenster aus traurige Blicke auf die arme zerschrammte Carmen zu werfen, lief in die Küche und sprach mahnende Worte, die von den Kontrahenten vollkommen ignoriert wurden. Auch der Hinweis auf die sich nähernde Diva drang nicht durch. Lilly postierte sich kurz neben dem Personal, warf einen entrüsteten Blick auf das Knäuel und einen vorwurfsvollen auf das Personal und schritt mit Alles-muss-man-selber-machen-Miene ein. Fritz kassierte einen kräftigen Hieb auf den Hintern, sprang wie von der Tarantel gestochen hoch und sah sich angstvoll um. Lilly war geschwind unter dem Küchenbuffet verschwunden und sah zufrieden zu, wie der Unruhestifter panisch in Richtung Kleiderschrank verschwand. Flori rappelte sich auf, spuckte ein paar Haarbüschel aus und ging das Klo sprengen.

Heute Morgen sind Fritz und Flori wieder die besten Freunde. Lilly ist sehr zufrieden mit sich. Carmen macht erst mal Ferien unter einem Kastanienbaum in der sicheren Wohnstraße der Personaleltern. Und das Personal legt sich jetzt hin und nimmt eine Kopfschmerztablette. Oder zwei.

Kleinwagen sind hart im Nehmen. Carmen, das Flagg-
schiff unserer Flotte, ist jedenfalls hart im Nehmen und tut
auch mit zerschrammter Seite und provisorisch angeklebtem
Außenspiegel tapfer ihren Dienst. Auch das Personal stellt
nach einer Woche voll bürokratischen Aufwands sein zer-
rüttetes Nervenkostüm heroisch hintenan und macht sich
mit der lädierten Staatskarosse auf den Weg in die Nachbar-
stadt, wo es einen Fachmarkt für wohnliches Ambiente und
gehobene Einrichtung gibt. Fertiggardinen in Plastiktüten,
stark riechende Teppichböden und so. Das Personal hat eine
gewisse Neigung zur Rückständigkeit und kann zum Beispiel mit moderner Performance wenig anfangen. Auch
wenn noch so viele Katzenhaushalte ihre Sofas als Hom-
mage an Christo mit jeder Menge Decken verhüllen, das
Personal findet das doof und hat sich deswegen entschlossen, im Fertiggardinen-Fachmarkt ein paar Meter Stoff zu
erwerben, aus denen ein formschöner und dezenter Sofaläu-
fer entstehen soll.

Die neue Zierde der Wohnlichkeit ist schnell auf dem
Tisch mit den Zwei-Euro-Pro-Meter-Stoffen gefunden, auf
die erforderliche Länge zurecht geschnitten und in einer
Plastiktüte verstaut. Das Personal flaniert noch ein wenig
umher und lässt sich vom Ambiente zu ungeahnter Kon-
sumfreude stimulieren. Ein paar Kissen würden den Be-
quemlichkeitsfaktor des heimischen Polstermöbels sicherlich
noch steigern und darüber hinaus ausgesprochen dekorativ
wirken. Daheim befinden sich sogar noch zwei entspre-
chende textile Accessoires, die vom Vor-Vor-Sofa stammen

und grün sind, was dem ästhetischen Gesamteindruck deutlich Abbruch täte. In der Ein-Euro-fünfundzwanzig-Ecke finden sich passende Kissenbezüge in warmem Dunkelbraun (deren Nähte daheim beim Befüllen mit den grünen Kissen sogleich den Geist aufgeben werden.)

Das Personal ist nun derart im Kaufrausch, dass es sich entschließt, endlich auch mal eine neue Dreckecke für die Katzen zu erwerben. Die Dreckecke gehört zu den erklärten Lieblingsplätzen der Katzen. Genaugenommen ist die Dreckecke eine alte Matte zwischen Buffet und Küchenspüle, auf der das Personal alle wichtigen Katzenutensilien lagert wie Futternäpfe, Katzengras und das Körbchen mit Katzenspielzeug und anderen Sachen, die von den Katzen zu Katzenspielzeug erklärt wurden. Das Körbchen wird regelmäßig umgeworfen und der Inhalt in der Küche verstreut, wo das Personal ihn dann wieder aufsammeln und zurück ins Körbchen räumen darf, das dann wieder umgekippt wird. Außerdem befinden sich in der Dreckecke noch zerrupfte Katzenwedel, die sich prima dazu eignen, verloren gegangene Bällchen und Spielmäuse wieder ans Tageslicht zu bringen. Nicht zu vergessen die zerfledderten Schuhkartons, aus denen das Personal bei der Fütterungszeremonie einen Schutzwall um Lilly baut, damit sie in Ruhe essen kann.

Mit der Zeit ist die Dreckecke ein wenig unansehnlich geworden, was hauptsächlich an Lilly liegt, die nicht gerne von Tellern isst. Viel lieber isst sie von Wohntextilien. Scheinbar bringen erst Flusen das richtige Aroma. Jeder Happen wird zunächst einmal ins Maul genommen und ein bisschen eingespeichelt, bevor er vor dem Teller wieder ausgespuckt und ein bisschen hin- und hergeschoben wird.

Erst dann kann er gegessen werden. Was auch erklärt, warum Lilly immer eine halbe Stunde für eine Portion Nassfutter braucht.

Als das Personal mit einer nagelneuen Matte für die Dreckecke heimkehrt, ist die Aufregung groß. Flori beginnt sogleich damit, an der noch zusammengerollten Matte seine Krallen zu schärfen, und versucht dann hinein zu kriechen. Fritz krallt sich eine Weile wehmütig an der alten Matte fest, auf der noch seine Joghurt-Vorräte für schlechte Zeiten kleben. Lilly setzte sich vor ihren Teller und beginnt zu motzen, weil es nichts zu essen gibt, obwohl doch eindeutige Aktivitäten in der Dreckecke im Gange sind. Unverschämtheit!

Fritz beobachtet, wie Floris dicker Hintern in der Mattenrolle verschwindet, und beschließt, hinterher zu kriechen. Möglicherweise führt dieser Tunnel in ein Paralleluniversum voller Joghurtbäume. Falls dem so ist, so ist der Weg versperrt, was Fritz nicht gut findet. In der Rolle beginnt es zu rumoren und zu knurren. Lilly verlässt ihren Teller und rennt aufgeregt um die Rolle herum. Das Personal nutzt rasch die Gelegenheit, die alte Matte in einen Tunnel in ein Paralleluniversum voller Joghurtbäume zu verwandeln, zu dem Fritz auch niemals einen Zutritt finden würde, da dieser Zugang zum Paradies in der Mülltonne versenkt wird, während Fritz noch irgendwo zwischen Raum und Zeit Floris Hintern aus dem Weg zu räumen versucht.

Manchmal ist das Leben voller Tragik und verpasster Chancen.

Trapp trapp, ein Ungeheuer | 28.06.2014

Man sollte immer einen gewissen Vorrat an Zylkène®, Bachblüten-Rescue-Tropfen oder Baldrian-Globuli im Hause haben. Oder wenigstens warme Milch mit Rotwein. Dann muss man abends nicht dumm in der Küche herum stehen und sich fragen, wie um alles in der Welt man einen Fritz beruhigen soll, der soeben wieder mal ein mittelschweres Trauma erlitten hat.

Es ist Samstag am frühen Abend, es regnet, und die Katzen liegen missmutig auf dem Sofa herum. Schuld am Regen ist die Stadt, die traditionell jedes Jahr ihr Stadtfest an einem Sommerwochenende mit Temperatursturz und Dauerregen feiert. Auch das Personal grämt sich, hat es doch gestern bei Sonnenschein und lauer Luft in bester Grilllaune den Kühlschrank bestückt. Nun ist ihm nicht nach Grillen zumute, und es sieht einem trostlosen Abend bei Tiefkühlpizza entgegen.

Da dringt mit einem Mal ein ungewohntes Geräusch an die Ohren von Lilly, Fritz und Personal. Nicht das übliche Hupen, Fluchen und das heitere Klirren abgefahrener Autospiegel, das seit der grandiosen Verkehrsberuhigung die Geräuschkulisse bildet. Nein, dieses Geräusch ist rhythmisch, laut und irgendwie archaisch, aus einer Zeit, die zwar schon das Fluchen, nicht jedoch das Hupen und das heitere Klirren abgefahrener Autospiegel kannte. Trapp-trapp-trapp, klingt's auf der Straße, und das Personal wird ganz aufgeregt und läuft ans Schlafzimmerfenster.

Fritz würde auch gerne gucken, was da trapp-trapp-trapp macht, aber Fritz ist noch ein bisschen beleidigt. Heute

Mittag waren Fritz und Flori nämlich unzumutbare zehn Minuten lang im Schlafzimmer eingesperrt, weil das Personal in der Küche die Vermieterorder ausführte, nun doch die Schutzklebestreifen an den neuen Fensterrahmen außen zu entfernen, die zunächst wegen der drohenden Hausneuverputzung hatten kleben bleiben sollen. Und weil das Personal den Katern nicht ein kleines bisschen Spaß gönnt, blieben sie derweil kaserniert, anstatt auf dem Blumenladen-Vordach unterhalb des Küchenfensters spazieren zu gehen. Das war voll gemein, und Fritz schmollt immer noch und geht lieber nicht mit ins Schlafzimmer, um zu gucken, was da trapp-trapp-trapp macht. Nachher geht er gucken, und dann ist wieder die Tür zu.

Das Personal kommt angerannt, reißt den schlafenden Flori vom Sofa und rennt mit ihm zum Schlafzimmerfenster, wobei es was von „Guck mal Flori ein Pferd!" brabbelt. Fritz ist immer noch misstrauisch. Bestimmt geht gleich die Tür zu, und dann kommt das Personal ihn holen und sperrt ihn auch noch ein. Aber Fritz ist ja nicht doof. Fritz läuft rasch in die Küche und springt auf die Spüle, um zu gucken, was da trapp-trapp-trapp macht.

Und da sieht er es. Unten auf der Straße. Da läuft ein voll großes braunes Tier, dessen Füße einen unglaublichen Lärm machen, und zieht eine voll große Kiste mit Rädern hinter sich her. Fritz fürchtet sich fast zu Tode. Wenn das große braune Tier ihn jetzt hier am Fenster sieht und die Treppe rauf kommt, um ihn zu fressen? Es sieht mordsgefährlich aus und hat schon einen Menschen in die Kiste gesteckt, die es hinter sich her zieht! Vor lauter Angst ist Fritz wie gelähmt, und die Erkenntnis, dass das Personal zuerst Flori in Sicherheit gebracht und Fritz einfach so dem Ungeheuer auf der Straße da unten überlassen hat, bricht ihm schier das Herz.

Sekunden verstreichen. Sekunden voller Todesangst, die einem verlassenen Kater wie Stunden erscheinen wollen, bis endlich, endlich das große braune Tier den Blumenladen passiert hat und nun am Bäckerladen vorbei trapp-trapp-trappt. Zitternd und bebend, immer noch unfähig sich zu rühren steht Fritz auf der Spüle und blickt dem Untier bange hinterher. Jetzt, erst jetzt kommt auch das Personal in die Küche getrampelt, es hat immer noch Flori auf dem Arm und schreit „Fritz, hast du auch das Pferd gesehen?"

Halb ohnmächtig rutscht Fritz von der Spüle. Gerne würde er auf seinen Kleiderschrank flüchten, aber dazu wackeln ihm viel zu sehr die Knie. Mit letzter Kraft gelingt es ihm, wenigstens das Küchenbuffet zu erklimmen, wo er erschöpft nieder sinkt, den verschreckten Blick immer noch auf das Küchenfenster gerichtet.

Trapp-trapp-trapp, verklingt es in der Ferne. Zurück bleiben eine leere Straße, die Stille eines Regenabends und ein verstörter kleiner Kater auf einem Küchenschrank …

Nudelsalat, noch schneller und noch einfacher
| 06.07.2014

Kochen liegt im Trend. Heute folgt Teil 2 unserer neuen Reihe „Katzen helfen in der Küche." Unser Starkoch heißt diesmal Flori, und Flori hat sich ein tolles Rezept für Nudelsalat ausgedacht, das sogar noch schneller und einfacher geht als das aus dem Kochforum im Internet.

Die Zutaten:

500 gr Nudeln (egal was für welche)

200 gr bunte Zuckerstreusel

150 gr Röstzwiebeln

250 gr Salzstangen

1 Paar Ohrenstöpsel

etwas Katzengras zum Garnieren

Die optimale Zeit zur Zubereitung von „Nudelsalat à la Flori" ist der spätere Abend. Achten Sie unbedingt darauf, dass sich das Personal im Bett und die Ohrenstöpsel in den für sie vorgesehenen Personalkörperteilen befinden. Überprüfen Sie die Funktionsfähigkeit der Ohrenstöpsel, indem Sie die Tür des Vorratsschrankes öffnen und möglichst laut darin herum rumpeln. Ihr Personal schläft trotzdem weiter? Gut. Die Ohrenstöpsel funktionieren.

Werfen Sie nun eine Tüte mit Nudeln aus dem Schrank. Sollte die Tüte den Aufprall unbeschadet überstehen, springen Sie hinterher und rücken Sie ihr mit Krallen und Zähnen zu Leibe. Reißen Sie die Nudeltüte in möglichst kleine Fetzen und verteilen Sie dann die Nudeln großflächig in der ganzen Küche. Geben Sie nun großzügig die Röstzwiebeln und die Zuckerstreusel darüber und mengen Sie alles gut durch. Zum Abschluss heben Sie vorsichtig die Salzstangen unter.

Sollte Ihnen vor der Beimengung der Salzstangen bereits schlecht geworden sein, weil Sie schon mal von Ihrem leckeren Nudelsalat probiert haben, macht das gar nichts. Lassen Sie die aufgerissene Packung Salzstangen einfach auf den Nudeln liegen. Nehmen Sie eine anständige Portion Katzengras zu sich und reihern Sie erst mal ordentlich vor den

Vorratsschrank. Dabei einen Halm zum Garnieren zurück halten.

Rollen Sie alles, was Sie nicht aufkriegen – Konservendosen, Tetrapacks und Plastikverpackungen – in die von Ihnen erzeugte Pfütze: Verpackungsmüll tötet den Planeten und ist einfach nur zum Kotzen! Sie sind nicht nur Koch, Sie haben eine Message. Bringen Sie sie ruhig mal radikal zum Ausdruck. Jamie Oliver rüttelt auch gern seine verfressenen Wohlstandsgäste wach.

Zum Abschluss garnieren Sie Ihr Werk mit dem heraus gewürgten Grashalm und begeben Sie sich nach getaner Arbeit ins Schlafzimmer. Sie sind rechtschaffen müde, schließlich haben Sie schwer geschuftet. Hüpfen Sie ins Bett und treten Sie dem faulen Personal so lange in den Rücken, bis es so weit wie möglich an den Bettrand gerutscht ist, ohne dass Ihr schlafender Bruder dabei heraus purzelt.

Lassen Sie sich auf keinen Fall in Ihrem Schaffensdrang bremsen, sollte die Begeisterung Ihres Personals am nächsten Morgen angesichts der tollen Überraschung nicht Ihren Erwartungen entsprechen. Als Koch sind Sie auch Künstler, und Kunst wird nicht immer verstanden, dennoch will und muss sie sich entfalten. Verwenden Sie einfach in der folgenden Nacht Buchstabennudeln für Ihre Kreation und formen Sie die Worte: Ich war's nicht, Fritz war's!

Schland wird Waldmeister | 13.07.2014

Deutschland 2014: Erinnerungen werden wach an das Sommermärchen 2006, an jene Tage voller Heiterkeit und Eintracht, an die Geburtsstunde des Rudelguckens und an Paul, den Kraken!

Leider haben die Katzengroßeltern anlässlich des deutsch-argentinischen WM-Finales keine Fanmützen für Fritz und Flori gehäkelt, dennoch soll das Thema, das die Nation bewegt, nicht außen vor bleiben. Das Personal hat keine Kosten und Mühen gescheut und in einer aufsehenerregenden, streng wissenschaftlichen und notariell überprüften Versuchsanordnung das heutige Spielergebnis bereits gestern ermittelt. Überall orakeln Tiere, da darf der Lifriflo-Clan nicht fehlen!

Samstag, 16:30 Uhr, der Abend vor dem Finale. Seit der letzten Fütterung sind symbolträchtige neunzig Minuten vergangen. Die drei Schicksalsgötter und -göttinnen sind entsprechend ausgehungert und bereit, die mentalen Antennen auszufahren. Das Personal positioniert zwei identische Tellerchen vor den selbst gebastelten Fähnchen der gegeneinander spielenden Länder. Fritz kommt schon mal angedackelt und macht sich mit dem Spielfeld vertraut, bevor er in die Kabine verbannt wird bis zum Anpfiff.

Nun ist auch Flori wach geworden und läuft ins Stadion ein, wird jedoch ebenfalls in die Kabine geschickt, da nun der Ball ins Spiel kommt, der in diesem Fall aus Frischkäse besteht und bei einem Verweilen der Orakel regelwidrig einverleibt würde. Mit dem der großen Sache angemessenen

Respekt wird der Frischkäse-Ball auf die beiden Anstoßteller verteilt.

Und da läuft der erste Spieler ein: Fritz betritt das Spielfeld und wird von der Unparteiischen in einigem Abstand exakt mittig zu den Tellern positioniert. Die Spannung ist beinahe mit den Händen zu greifen, doch Fritz ist ein Taktiker. Er zögert, denkt nach, entwickelt langsam eine Strategie und täuscht einen langen Lauf an, bevor er dann doch los sprintet und – TOOOOOOOR!!!!! TOOOOOOOOOR!!!!!! TOOOOOOOR FÜR DEUTSCHLAND in der ersten Minute!!!

Die Fußballwelt steht kopf, die Unparteiische schickt das Orakel zurück in die Kabine. Nun kommt Flori ins Spiel und wird exakt mittig zu den Tellern positioniert. Ohne zu zögern zieht Flori gleich los, ja, so kennen wir ihn, da gibt's kein Zögern, kein Taktieren, wie entfesselt stürmt das Orakel los und – TOOOOOOOR!!! TOOOOOOR!!!!!!! Ist das zu fassen? TOOOOOOR FÜR DEUTSCHLAND in der zweiten Minute!!! Die Stimmung ist auf dem Siedepunkt, da hält es niemanden mehr auf den Rängen, der Jubel kennt keine Grenzen!

Doch dann senkt sich atemlose Stille auf das Spielfeld, denn nun wird Flori wieder in die Kabine geschickt, und Lilly betritt den Platz. Kurze Verwirrung: Wo sind die Mitspieler, und wieso sind Badezimmer- und Schlafzimmertür zu? Die Spannung steigt ins Unerträgliche, als Lilly in lockerem Lauf zunächst einmal das Spielfeld umrundet und sich dann den Tellern nähert. Sie nimmt Anlauf auf das deutsche Tellerchen und – aber was ist das?! WAS IST DAS?!! Lilly driftet ab! Sie driftet ab und – ja ist es denn zu fassen – das darf doch nicht wahr sein! TOOOOOOR!!! TOOOOOR für Argentinien!!!!

Doch da pfeift die Unparteiische bereits das Spiel ab, die Orakel haben gesprochen und das Ergebnis steht fest: 2:1 für Deutschland – Deutschland ist WALDMEISTER!!!!

SCHLAAAAAAAAAAAAAAAAAAAND!!!!!!!!!!!!!!!!!!!!!!

(Und sollten die drei Weisen mit ihrer Prophezeiung richtig gelegen haben, dann dürfen sie mir morgen die Lottozahlen verraten.)

Sommerurlaub, Teil 1 | 19.07.2014

Es ist Montag. Schland ist Waldmeister, es nieselt, und das Personal hat Urlaub. Außerdem hat es Kopfweh, weil es am Abend zuvor ganz gegen seine Gewohnheit nicht um neun Uhr zu Bett gegangen ist, um ausgeschlafen zu sein, wenn die Katzen Frühstück wollen. Nein, es hat sich tapfer wach gehalten, zugeguckt, wie der arme Herr Schweinsteiger immerzu auf die Mütze bekam, und den armen Fritz getröstet, nachdem Herr Götze ein Tor geschossen hatte und draußen geböllert und gehupt wurde.

Was soll's, denkt sich das Personal, ganze zwei Wochen liegen noch vor mir, morgen soll das Wetter wieder schön werden, dann fahre ich erst mal nach Münster und mache mir einen netten Tag. Ein bisschen durch die Stadt bummeln und nach einem Geburtstagsgeschenk für die Katzengroßmutter Ausschau halten.

Dienstag, kurz nach sechs. Schland ist immer noch Waldmeister, die Kopfschmerzen sind wie weggeblasen, und die Sonne lugt einladend durch die Rollladenritzen, als das Personal die Augen aufschlägt. Freudig schwingt es die Beine aus dem Bett und lässt die liebe Sonne zum Fenster herein. Und sogleich wünscht es sich, das lieber nicht getan zu haben. Offenbar ist Flori bereits auf dem Katzenklo gewesen, hat ein anhängliches Krümelchen auf dem Teppich verloren und sein Hinterteil in der Bettwäsche gesäubert. Er hat es sogar geschafft, die aus dem Ikea-Bezug heraus lugende Bettdecke noch mit zu besudeln.

Dienstag, viertel vor sieben. Munter dreht sich die Trommel im Badezimmer mit der ersten Ladung Wäsche. Auf dem Weg ins Bad hat das Personal entdeckt, dass sich einer der Lieblinge nachts auf den neuen Sofaüberwurf erbrochen hat. Darum wird es sich später kümmern. Jetzt muss es erst mal den verlorenen Krümel vorsichtig vom Teppich klauben und mit einem Schwämmchen die anrüchige Stelle schrubben. Als es den Krümel vorsichtig im Klopapier zum Bad trägt, dringt ein verdächtiger Geruch an seine Nase. Voller böser Ahnungen schaltet das Personal das Flurlicht ein und sieht einen gewaltigen Haufen auf dem Rand des Katzenklos thronen.

In diesem Moment erklingt vom Balkon ein unheilvolles Geräusch. Das Personal rennt hin und wird Zeuge, wie Flori sein Frühstück in einem eindrucksvollen Bogen über Tisch, Gitter und Waschbetonplatten ergießt. Erleichtert denkt das Personal, dass es diesmal definitiv eine Verstopfung als Ursache des Übels ausschließen kann.

Dienstag, halb elf. Bettzeug, Bettdecke und Sofaüberwurf sind gewaschen und trocknen auf der Leine, der Teppich ist sauber gerubbelt und das Katzenklo abgeschrubbt. Münster muss warten. Aber die Tierarztpraxis ist ja auch ganz schön.

Das Personal schildert dem Tierarzt Floris morgendliche Übelkeit. Flori schildert dem Tierarzt, wie er ihm gleich den Arm zerfleischen wird. Der Tierarzt greift beherzt in die Box. Floris Schilderung wird detaillierter. Der Tierarzt stellt fest, dass Flori ihm nicht wohl gesonnen ist. Das Personal hebt Flori aus der Box. Flori haut um sich und zwackt das Personal in die Hand.

„Jetzt beißt er die Mama!" sagt der Tierarzt vorwurfsvoll. „Ist er heute wieder schlecht gelaunt." Kannst du einen drauf lassen, denkt Flori und krabbelt angstvoll auf den Arm des Personals. „Hoffentlich zerkratzt er Ihnen jetzt nicht das Gesicht." sagt der Tierarzt fröhlich und haut Flori die Spritze ins Fell. Flori krallt sich in die Schulter des Personals und brüllt Zeter und Mordio. Das Personal klaubt sich Flori von der Schulter und stopft ihn schnell wieder in die Box. Während das Personal noch eine Schachtel Tabletten für den Patienten bekommt und die Rechnung bezahlt, motzt Flori vor sich hin, was den Tierarzt zu einem teilnahmsvollen: „Er ist heute wieder ein sehr böser Kater." verleitet.

Dienstagnachmittag. Das Personal hat Hühnchen mit Karotten für die Katzen gekocht, Lilly, Fritz und Flori liegen satt und zufrieden auf dem Balkon, und das Personal guckt im Internet die Wettervorhersage. Prachtvolles Sommerwetter ist für den Mittwoch angekündigt. Das Personal freut sich. Fährt es eben morgen nach Münster. Eben noch e-mails checken, dann wird es sich mit Tee und Keksen einen gemütlichen Nachmittag machen. Ein Tierschutz-Kollege schreibt, dass er morgen an seiner Futterstelle anfangen will, fünfzehn Streuner zum Kastrieren einzufangen. Ob das Personal wohl dabei helfen könne, da er das noch nie gemacht habe.

Drei Tage, sechzig Kilometer Tierarztfahrten und diverse Dosen Tunfisch in der Gluthitze später sind immerhin vier Kater und zwei Katzen von ihren familiären Zukunftssorgen befreit. Und das Personal kommt zu dem Schluss, dass Münster ohnehin ziemlich überschätzt wird. Der Gewerbepark im Nachbarkaff hat im Hochsommer durchaus auch seine Reize!

Sommerurlaub, Teil 2 | 27.07.2014

Die zweite Urlaubswoche. Ein wenig wehmütig ist dem Personal zumute, als es auf dem heimischen Balkon steht und zusieht, wie dunkle Gewitterwolken sich am Himmel türmen. Wie allegorisch, denkt das Personal, denn auch am heiteren Himmel des heimischen Sommerfriedens dräuen sie, des Unheils schwarze Wolken: Der Dachdecker hat sich für die letzte Juliwoche angekündigt, das Haus soll eingerüstet und der Balkon samt Katzengehege leer geräumt werden.

Schweren Herzens schaufelt das Personal fünf Schubkarren voller Erde aus den Pflanzgefäßen, karrt alles zum Kompost und schleppt die leeren Behälter die Treppe hinunter, der Katzengroßvater rückt an und bringt Leitern und Werkzeug, und der Donnerstag wird zum Katzengehege-Abbautag erkoren. Elegisch verbringt das Personal einen letzten Abend auf dem trostlosen Balkon, versonnen summt es „Sag mir, wo die Blumen sind" und vermag kaum noch den Katzen in die ahnungsvollen Augen zu sehen. Da kommt in letzter Minute die Kunde von der Verzögerung der baulichen Maßnahme! Der Dachdecker ist noch mit den Sturmschäden der vergangenen Wochen beschäftigt, und die Hauseinrüstung verschiebt sich bis Ende August.

Na gut, denkt das Personal, die Blumen sind zwar weg, aber wenigstens kann das Katzengehege noch stehen bleiben, der Kelch der dreifach schlechten Katzenlaune ist erst einmal vorüber gezogen, und anstatt Gitter und Balken herunter zu schleppen, liegen mit einem Male unverhoffte freie Tage vor ihm. Quasi richtige Urlaubstage! Nun kann es doch noch nach Münster fahren!

Die Freude ist groß beim Personal. Rasch putzt es am Mittwoch noch die Wohnung, und am Donnerstag geht es dann endlich doch noch auf zum Sommerschlussverkauf in die Perle des westfälischen Outbacks. Glücklich flaniert das Personal durch die sommerlich heitere Innenstadt, beladen mit Katzengroßmuttergeschenken, bis nachmittags wieder einmal schwarze Wolken aufziehen und das Personal zusieht, dass es rasch gen Osten in die Heimat entschwindet.

Während das Gewitter sich über Münster entlädt, scheint zuhause noch die Sonne. Draußen jedenfalls. Drinnen herrscht ziemlich schlechte Stimmung, weil die Futterzeit um fast drei Stunden überschritten wurde, und das Telefon blinkt, der Tierschutz hat angerufen. Schuldbewusst füttert das Personal die armen hungrigen Katzen, ruft den Tierschutz zurück und schneidet sich dann eine Schnitte Brot ab. Das Telefon klingelt schon wieder. Diesmal ist es die Nachbarin, die am Wochenende einen Catsitter braucht.

Das Personal bekommt allmählich ein schlechtes Gewissen. Vergnügungssüchtig ist es den lieben langen Tag in der

Sonne herum spaziert und hat Hüte, Schals und Firlefanz gekauft, während daheim das Telefon heiß lief und drei Katzen Hunger, Not und Langeweile litten! Wie konnte ich nur, denkt das Personal und schneidet Tomaten klein, obgleich es vor lauter Gewissensbissen eigentlich schon gar keinen Hunger mehr hat. Mich den Verlockungen unserer konsumgeilen Welt hinzugeben, während ich daheim gebraucht wurde. Zur Strafe werde ich schon vorzeitig senil. Ich könnte schwören, dass ich mir vorhin eine Schnitte Brot abgeschnitten habe, doch nun, da ich sie mit Tomatenscheiben belegen möchte, ist sie nicht mehr da. Wie sonderbar.

So sonderbar ist es dann doch nicht. Vielmehr haben die Katzen die Schnitte Brot fort geschleppt und zerpflückt, vermutlich als Akt des Widerstands, als sie mit anhören mussten, wie das Personal am Telefon versprach, am Wochenende auf fremde Katzen aufzupassen. Das ist ja wohl die Höhe! Erst den ganzen Balkon verschandeln, dann einfach so einen ganzen Tag lang abhauen und zum Schluss auch noch sich als Catsitter bei den blöden Nachbarkatzen verdingen! Diesem rücksichtslosen Verhalten gehörte unbedingt ein Riegel vorgeschoben.

Als das Personal am Freitag aufsteht, hat sich die Wetterlage dramatisch verschlechtert, draußen nieselt es, und drinnen hat es sogar geschneit. Jedenfalls sieht es so aus. Fliesen und Möbel sind mit weißem Pulver und lustigen Pfotenabdrücken bedeckt, und auf den Vorräten im Vorratsschrank liegt eine winterlich weiße Schicht. Das für das Wetterphänomen verantwortliche Tiefdruckgebiet heißt Flori. Flori ist in der Nacht aus nordöstlicher Richtung kommend durch den Vorratsschrank gezogen und hat für gewaltige Turbulenzen in einer Schachtel Speisestärke gesorgt. Besonders hart betroffen war eine klebrige Grenadine-Sirup-Flasche im Zentrum des Unwetters, das sich erst am südwestlichen Ende des Schrankes über den Backzutaten abgeschwächt hat.

Am Freitagmorgen liegt das Personal standesgemäß mal wieder auf den Knien und beseitigt die Sturmschäden. Tief Flori ist derweil der reinste Sonnenschein.

Tortellini-Yoga | 03.08.2014

Jede Katze ist ein Individuum. Eine ganz eigene kleine Persönlichkeit. Es gibt zurückhaltende und forsche Katzen, kapriziöse und gutmütige, sensible und rustikale, ängstliche und mutige. Ganz wie bei den Menschen. Und ganz wie bei den Menschen unterliegen solche Persönlichkeitsmerkmale nicht selten dem erbarmungslosen Diktat des Zeitgeistes. Es färbt eben alles ab auf das domestizierte Tier. Und weil sensibel, ängstlich und zurückhaltend uncool ist, hat sich Fritz jetzt überlegt, dass er mal was an sich verändern möchte. Damit nicht immer alle Fritz-Geschichten mit den Worten enden: „ … und Fritz floh auf den Kleiderschrank."

Wie steht man denn dann da für die Nachwelt! Als olle Memme, die vor Pferden, Fliegen und Garnelen wegrennt und sich in luftiger Höhe vor dem Angriff einer feindlichen, erbarmungslosen Welt in Sicherheit bringt, während ein dicker Täuberich und eine senile Gewitterziege sich furchtlos und unerschrocken jedem Kampf entgegen werfen! Nein, so will er nicht länger in der Öffentlichkeit da stehen, denkt Fritz und beschließt, an sich zu arbeiten. Heimlich beginnt er, sich mit Tortellini-Yoga zu beschäftigen und seinen Geist auf die Konfrontation mit den zahllosen Schrecken einer Welt zu stählen, die keine Gnade für die Sanften kennt.

Heute Morgen ist seine Stunde gekommen. Das Personal wälzt sich auf dem Teppich im Schlafzimmer herum und macht irgendwelche Verrenkungen, die „Gymnastik" heißen, wobei es herum ächzt und kein schönes Bild abgibt. Fritz sitzt auf der Fensterbank und trainiert seine geistige Stärke, indem er diesen Anblick stoisch erträgt. Auf einmal fährt das Personal in die Höhe und quiekt: „Iiiiihh, ein Tausendfüßler!"

Fritz atmet tief bis in die Schwanzspitze, wie er es im Tortellini-Yoga gelernt hat, und spricht sein Mantra: Ich bin ein Tiger im wilden Wald, ich bin ein Tiger im wilden Wald! „Fritz!" kreischt das Personal und deutet aufgeregt auf den Teppich. „Fritz, guck mal, ein Tausendfüßler!" Na gut, dann guck ich eben, denkt Fritz mutig und gestählt, schlimmer als Gymnastik kann's ja auch nicht aussehen. Und so guckt Fritz. Der Tausendfüßler hat wirklich ziemlich viele Füße und Zangen am Kopf. Fritz graust sich ein bisschen und spricht nochmal sein Mantra, und dann springt er mit einem mutigen Satz auf den Teppich wie ein Tiger im wilden Wald.

Der Tausendfüßler erkennt sogleich, dass hier einer kommt, mit dem nicht zu spaßen ist, und krabbelt flugs unter den Dielenschrank. Fritz verfolgt ihn unerbittlich und postiert sich vor dem Schrank. Der soll es nur wagen, wieder hervor zu kommen!

Das wagt der Tausendfüßler nicht. Gewiss gibt es auch unter Tausendfüßlern ausgeprägte Individuen, und dieser ist einer von der feigen Sorte. Oder er kann kein Tortellini-

Yoga. Jedenfalls quetscht sich der Tausendfüßler unter die Fußleiste und stellt fest, dass ihn ein glückliches Schicksal in eine ausgebaute Dachgeschosswohnung geführt hatte, in der das Schlafzimmer mit einer Rigips-Platte vom Rest der Behausung abgeteilt ist. Und dass sich zwischen Boden und Rigips-Platte eine schmale Ritze befindet, gerade groß genug für einen Tausendfüßler!

Indes hat er nicht mit dem wachen Geist gerechnet, der dem Tiger im wilden Wald innewohnt. Als der Tausendfüßler nicht wieder zum Vorschein kommt, marschiert Fritz in die Küche und postiert sich vor dem Buffet. Flori ist jetzt auch aufmerksam geworden und setzt sich daneben. Der Tausendfüßler quetscht sich unter der Fußleiste hindurch und erstarrt vor Schreck: ZWEI Tiger im wilden Wald! Jetzt hat er verloren.

Nach dieser großen Heldentat spürt Fritz, wie er ein ganz neuer, ein ganz anderer Fritz geworden ist. Der neue Tiger-im-wilden-Wald-Fritz rennt auch nicht weg, als eine Stunde später eine Motte herein geflattert kommt, gefolgt von einem dicken Täuberich und einer senilen Gewitterziege. Nein, der neue Fritz setzt sich an die Spitze der Verfolger, reißt mit einem gewaltigen Satz die Küchengardine fast von der Stange und kann dem Personal stolz die erlegte Beute präsentieren!

Was dann folgt, hätte den alten Fritz sogleich wieder verzagen und melancholisch den Kleiderschrank erklimmen lassen. Anstatt ihn für seine Selbstüberwindung und seinen Heldenmut zu loben und zu preisen, fängt das Personal an herum zu fuchteln und zu kreischen: „Oh nein, ein Pfauenauge! Böser Fritz!" Doch kann diese Reaktion Fritzens neu gestähltem Geist nichts anhaben. Gelassen wendet er sich ab und begibt sich in die Dreckecke, wo er seine Beute verzehrt, obwohl die ziemlich staubig ist und eklig zwischen den Zähnen knirscht. Da steht Fritz jetzt drüber. Denn Fritz kann Tortellini-Yoga.

Schmuser hat eine Botschaft | 10.08.2014

Warme Sommertage bringen nicht nur Freude, sondern auch unvorhergesehene Probleme vor allem für berufstätiges Katzenpersonal. Wie viele Wasserschüsseln soll es aufstellen, damit bei seiner Heimkehr wenigstens noch eine steht und die flauschigen Zöglinge vor der Gefahr der Dehydrierung bewahrt sind? Hat man auch wirklich alle Futterdosen gut genug ausgespült, oder wird sich wieder Leben im Gelben Sack entwickelt haben, während man bei Hitzefrei-Temperaturen seiner beruflichen Verpflichtung nachkam? Und vor allem: Wie um alles in der Welt tut man der Notwendigkeit Genüge, unmittelbar beim Nachhausekommen den hungrigen Lieblingen wohl temperiertes Futter zu kredenzen?

Packt man es morgens in den Kühlschrank, ist es bei der Heimkehr zu kalt für die empfindlichen Mägen, und man muss es erst kurz in die Mikrowelle oder in warmes Wasser stellen, was entschieden zu lange dauert, wenn einem drei schreiende Fellknäule um die verschwitzten Waden streichen. Stellt man es nicht in den Kühlschrank, bläht sich der Deckel, und man kann es nur noch als Nährboden für neues Leben in der Mülltonne verwenden, was man in der Regel nicht so gerne möchte. Auch Tierliebe hat ihre Grenzen.

Durchdachte Lösungen bietet der gut sortierte Fachhandel, in diesem Falle der gut sortierte Campingfachhandel, in dem das Personal die letzten zehn Jahre seines Lebens verbracht hat. Daher verfügt das Personal auch über eine Mini-Kühltasche, die man an den Fahrradlenker clipsen kann, um sein Picknick durch die Gegend zu holpern. Kann man machen. Man kann aber auch prima einen Kühlakku und eine angebrochene Katzenfutterdose rein stellen. Kühlakkus gibt es, wie die Campingfachfrau weiß, in unterschiedlichen Stärken, die sechs, acht oder auch schon mal bis zu zwölf Stunden kühlen. Verpaart man einen Acht-Stunden-Akku mit einer Dose Katzenfutter in einer Fahrradlenker-Kühltasche, hat man nach der Schicht perfekt temperiertes Katzenfutter und kann seinen häuslichen Pflichten souverän und prompt nachkommen.

Auch wenn man einen sommerlichen Abend im Auto verbringt, weil man eine Katzenfalle beobachten muss, tut die Fahrradlenker-Kühltasche gute Dienste. Das weiß man, wenn man schon mal bei siebenundzwanzig Grad gemeinsam mit einer Dose Tunfisch in einem Kleinwagen ausharren musste, um seinen Tierschutz-Pflichten nachzukommen. Die Versenkung der Tunfischdose in der Fahrradlenker-Kühltasche kann sich in einem solchen Fall sehr positiv auf den Wohlfühlfaktor auswirken. Man kann sogar die Kühltasche samt der Tunfischdose neben dem Auto in den Schatten stellen, ohne dass die zu fangenden Katzen die Dose leer fressen und die fliegenumsummte Köderspur zur Falle ignorieren.

Montagabend, neun Uhr. Das Personal sitzt im Kleinwagen, liest ein Buch und hat die Kühltasche mit dem Tunfisch ausgesperrt. Über einem Stoppelfeld geht malerisch die

Sonne unter, die Fliegen schweben um die Falle und die zu fangenden halbwüchsigen Kitten sind wie vom Erdboden verschluckt. Immerhin erscheint nach einer Weile Schmuser, der stolze Vater. (Jemand mit viel Sinn für Ironie hat den Streuner auf diesen Namen getauft.) Schmuser taucht kurz im Rückspiegel auf, verschwindet eine Weile im toten Winkel und schlurft dann über die Straße davon. Die Fliegen summen um die Falle. Schmuser ignoriert sie geflissentlich.

Montagabend, halb elf. Müde kommt das Personal nach Hause, stellt den Tunfisch in den Kühlschrank und die Kühltasche an ihren angestammten Platz im Küchenschrank. Komischerweise kleben umgehend die Kater an der Schranktür, obwohl doch jetzt gar kein Tunfisch mehr in der Tasche ist. Das Personal will aber ins Bett und nicht über das sonderbare Gebaren der kleinen Lieblinge nachsinnen. Es stopft sich Stöpsel in die Ohren und geht schlafen.

Montagabend, viertel vor elf. Schmuser sitzt im Stoppelfeld und ist mal wieder sehr zufrieden mit sich und seinem Tun. Mann, war das eine dumme Nuss! Packt ihre bescheuerte Tasche ins Auto und hat gar nicht gemerkt, dass ein potenter Kater die erst mal ordentlich markiert hat. Was lässt die mitten in seinem Revier eine Kühltasche stehen, die nach fremden Katern riecht. Eine Provokation. Hoffentlich haben die Kerle seine Botschaft erhalten!

Montag, elf Uhr. Die Kerle haben Schmusers Botschaft erhalten, die Tür vom Hängeschrank aufgemacht und die Tasche raus gezerrt. Das Schrankfach mit den human- und veterinärmedizinischen pharmazeutischen Erzeugnissen haben sie dabei auch gleich ausgeräumt. War eine super Gelegenheit, endlich mal die blöden Augentropfen zu entsorgen, die soll man ja eh maximal sechs Wochen nach Anbruch anwenden, und Floris Augenentzündung ist nun schon eine Weile her. Die Tube mit der Malzpaste, mit der das Personal immer Tabletten verabreicht, war vermutlich auch schon kurz vorm MHD und wurde deswegen vorsorglich auf genagt und ausgeleckt.

Montag, viertel nach elf. Das Personal hat die Kühltasche hinaus geworfen, die noch zu gebrauchenden pharmazeutischen Erzeugnisse wieder in den Schrank sortiert und die nicht mehr zu gebrauchenden zusammen gefegt. Hoffentlich steckt es sich nicht mit der derzeit in der Schule grassierenden Erkältung an. Das Fläschchen mit dem Nasenspray ist nämlich beim Aufprall auf den Fliesen entzwei gegangen.

Müde geht das Personal zurück ins Bett. Spürt es nicht bereits ein Kratzen im Hals …?

Der böse Mann hat wieder zugeschlagen
| 16.08.2014

Der Wetterbericht sagt für die nächsten Tage windiges und wechselhaftes Wetter mit Temperaturen unter zwanzig Grad voraus, und Besserung ist nicht in Sicht. Was für ein Glück, denkt das Personal und holt die Wolldecke hervor. Hoffentlich bleibt das so. Von mir aus bis zum nächsten Frühjahr.

Denn nach den wilden, schönen Sommerwochen ist es nun auf uns herab gesaust. Das Damoklesschwert. Und diesmal gibt es kein Zurück. Der Gerüstbauer hat für die kommende Woche sein Erscheinen angedroht und bislang noch keinen Rückzieher gemacht. Und das bedeutete am Wochenende: Gehegeabbau!

Donnerstagmorgen. Alles ist wie immer. Um kurz nach fünf wird das Personal von Flori geweckt. Um halb sechs geht zusätzlich der Radiowecker an. Das Personal hört auf, Flori zu erklären, dass es noch gar nicht Zeit ist aufzustehen, steht auf und füttert die Katzen. Während die Katzen frühstücken, wird das Katzenklo gesäubert. Dann duscht das Personal, macht mit Fritz und Flori Frühsport und isst, was die Kater nicht vom Frühstücksteller klauen. Nach ein paar Leckerlis zum Abschied verschwindet es endlich. Zeit, sich zur Ruhe zu begeben.

Doch die Ruhe währt nicht lange, denn gegen Mittag kommt der böse Mann. Er ist beladen mit Leitern und Werkzeug und fängt an, die Balkonmöbel die Treppe herunter zu schleppen. Flori ist beunruhigt. Der böse Mann schleppt ja manchmal gut eingekratzte Möbel die Treppe runter und stellt dafür welche hin, die erst wieder mühevoll bearbeitet werden müssen. Kampfbereit verschanzt sich Flori auf seinem Tisch im Gehege. Den soll er mal anpacken! Den wird Flori mit seinem Leben verteidigen!

Dann kommt das Personal nach Hause. Flori freut sich. Bestimmt gibt es jetzt was zu essen, und der böse Mann wird fort gejagt, bevor er sich an seinem Tisch vergreifen kann. Aufgeregt berichtet Flori von der Balkonmöbelentführung. Da muss das Personal doch eingreifen! Flori hilft auch, er könnte kratzen und beißen. Oder einfach ganz doll haaren. Der böse Mann fängt immer so lustig an zu röcheln, wenn Flori ein paar Haare fliegen lässt.

Stattdessen wird Flori hinein getragen, und die Tür wird zu gemacht, und dann wird … das darf doch nicht wahr sein! EIN BRETT!!! Sie nageln ein Brett vor die Katzenklappe!!!!!! Flori fasst es nicht. Menschen und Technik! Man ist doch ohnehin schon ein dicker Kater, der grade mal so durch die Katzenklappe passt, wie soll man denn bitte schön durch ein Brett gehen? Als Astralkörper?! Das ist doch wieder mal nicht zu Ende gedacht … aber was machen die denn jetzt da draußen? Wieso machen die denn das Gehegedach ab? Da wird man doch ganz nass, wenn's regnet, und … he! Die Gitter! Die Gitter machen sie auch ab! Jetzt kann doch der Nachbarkater rein, sind die denn total bescheuert?

Ganz offensichtlich hat das Personal komplett den Verstand verloren. Flori kann das nicht mehr mit ansehen und geht schlafen. Lilly hockt eh schon den ganzen Nachmittag beleidigt auf ihrem Kissen, und Fritz bibbert auf dem Kleiderschrank … ja, da hilft auch kein Tortellini-Yoga mehr.

Samstagnachmittag. Ein grauer Himmel wölbt sich über der trostlosen Ödnis eines leer geräumten Balkons, doch niemand schickt den trüben Wolken einen Abschiedsgruß hinterher. Drei depressive Katzen haben sich auf Sessel, Sofas und Kissen zurück gezogen und die Nasen in die Polster gebohrt. Mit einem Mal erklingen Schritte auf der Treppe. Zwei kleine Köpfe schrecken hoch (der dritte hört nix.) Was … das wird doch nicht … doch! Er ist es! Der böse Mann! Er ist schon wieder da! Was wird er ihnen diesmal antun? Hämisch lachend ihre Näpfe zertreten? Den Kratzbaum durchsägen? Vor ihren schmachtenden Augen eine Katzenfutterdose auslöffeln?!

Angsterfüllt suchen Fritz und Lilly ihr Heil in der Flucht. Und so liegt nur Flori noch in seinem Sessel und wird mit einem Male wach von einem leisen Hauch, einem leisen, leisen Hauch der großen weiten Welt … der böse Mann hat einen Gitterrahmen für die Balkontür gebaut, damit die Katzen in der Sonne sitzen können.

Vielleicht ist er doch nicht so böse, der böse Mann.

Happy Birthday Flugkuh | 24.08.2014

Katzen haben außerordentlich empfindliche Ohren. So können selbst vollständig taube Exemplare dieser Gattung das Öffnen einer Kühlschranktür wahrnehmen. Welch eine Kakophonie muss unsere moderne Welt dann erst für die nicht tauben Exemplare darstellen! Das sollten wir uns hin und wieder einmal vor Augen führen, wenn wir durch unseren lärmenden Alltag tollen, ja ihn gar mit heim bringen in die stille Welt unseres häuslichen Miteinanders mit den flauschigen Radarlöffeln. Katzen hören nicht gerne Rammstein, sie hassen Staubsauger, und die ganz besonders geräuschsensiblen kleinen Lieblinge mögen es auch nicht, wenn man Flöte spielt oder am Handy neue Klingeltöne ausprobiert.

Lilly gehört zur besonders geräuschsensiblen Sorte. Ich möchte sogar behaupten, dass Lilly die geräuschsensibelste Katze auf diesem Planeten ist. Und falls noch irgendwo anders im Universum Planeten existieren, auf denen Katzen leben, dann wird sich auch dort schwerlich eine finden, die geräuschsensibler ist als Lilly. Wegen Lilly bin ich beim Blockflötenspielen nie über „Kuckuck, Kuckuck ruft's aus dem Wald" hinaus gekommen. Ich habe nämlich eine Blockflöte. Eine total schöne Blockflöte aus transparentem roten Plastik. Vor einigen Jahren habe ich mir die Blockflöte gekauft und daheim gleich zu musizieren angefangen. Dann kam Lilly angerannt, kreischte entrüstet und schlug mir die Blockflöte aus der Hand, und ich habe mich nie wieder getraut, Blockflöte zu spielen. Eine große Karriere ist vielleicht im Keim erstickt worden. Bloß weil Lilly so geräuschsensibel ist. Dem Handy ist das gleiche Schicksal widerfahren wie der Blockflöte, als ich einen Klingelton einstellen wollte. Steht deshalb auf Vibrationsalarm. Ist mir sonst zu gefährlich. Wenn mich einer anruft, reißt Lilly mir den Arm ab.

Freitagabend. Das Personal ist zu einem Geburtstag eingeladen und hat in der Ein-Euro-Abteilung im Supermarkt eine sehr geschmackvolle Gratulationskarte erworben. Vorne auf der Karte ist eine lustige fliegende Kuh, und wenn man die Karte aufklappt, leiert sie ein sehr gequältes „Happy Birthday." Das Personal findet das außerordentlich originell. Das Geburtstagskind sicher auch.

Lilly hingegen neigt eher zu konservativen Ansichten, was Gratulationskarten anbetrifft. Handgeschöpftes Büttenpapier mit einem hübschen Blumenmotiv ist schön. Karten mit fliegenden Kühen, die „Happy Birthday" dudeln, sind hingegen absolut indiskutabel.

Diese wenig aufgeschlossene Einstellung zur Moderne und ihren technischen Finessen macht die Kartenbeschriftung zu einer äußerst schwierigen Mission. Die auf der Karteninnenseite anzubringende Beschriftung erfordert das Aufklappen der Karte, was unweigerlich das Auslösen des Dudelmechanismus zur Folge hat. Dies wiederum führt dazu, dass unter dem Küchentisch, auf dem die Kartenbeschriftung stattfindet, gekeift und am Personalbein gekratzt wird.

Das Personal klappt die Karte zu und flüchtet an den Schreibtisch. Lilly folgt motzend und schwanzwedelnd und behält das Personal im Auge. Das Personal legt die Karte hin und setzt sich aufs Sofa. Lilly wedelt noch ein bisschen und legt sich dann auf ihr Kissen, wo sie sich zusammenrollt und die Augen schließt.

Vorsichtig erhebt sich das Personal, schleicht zum Schreibtisch und klappt die Karte ein Stück weit auf. Lilly liegt auf ihrem Kissen. Das Personal setzt den Stift an. Der Aufklappwinkel reicht nicht aus. Das Personal erhöht ihn mit angehaltenem Atem. Die Karte dudelt „Happy Birthday." Lilly kommt mit Lichtgeschwindigkeit heran geschossen und krallt sich erneut ins Personalbein. Die Karte fällt vom Tisch und dudelt weiter. Lilly gerät in einen wahren Blutrausch und drischt wütend auf die Karte ein. Die Karte dudelt „Happy Birthday." Lilly hüpft auf der Karte herum und regt sich schrecklich auf. Fritz versteckt sich vorsichtshalber. Flori kommt erwartungsvoll angelaufen. Wenn Lilly auf was rum hüpft, dann gibt es meistens ein leckeres Motten- oder Spinnenpüree für das dicke Kind. Heute leider nicht. Heute gibt's nur eine doofe Karte, die unverdrossen „Happy Birthday" dudelt.

Eine Stunde später. Das Personal hat die Karte wieder an sich gebracht und sich mit ihr auf dem Klo eingeschlossen, um sie zu Ende zu beschriften, wobei die Karte noch einmal mit letzter Kraft „Happy Birthday" dudelt. Bei der Übergabe an das Geburtstagskind gibt sie noch ein paar gequälte Töne von sich und dann den Geist auf.

Aber die fliegende Kuh ist trotzdem schön.

Unheimliche Dinge geschehen | 31.08.2014

Das deutsche Handwerk. Einzigartig ist sein Ruf in der Welt. Zuverlässigkeit, Pünktlichkeit, Gewissenhaftigkeit seine viel gerühmten Tugenden. Tugenden, vor denen auch der Lifriflo'sche Haushalt seit einer Woche voller Bewunderung verharrt. Zuverlässig wurde der Gerüstbautermin an der Außenfassade zweimal verschoben, pünktlich erschienen die Handwerker vor einer Woche, gewissenhaft bauten sie ein halbes Gerüst auf. Dann waren sie erst mal wieder verschwunden. Traurig und allein gelassen stand das Gerüst herum. Zwischenzeitlich kehrten die Handwerker zurück, ohne dass für den Laien erkennbare Dinge geschahen. Endlich jedoch tauchten sie doch wieder auf und bauten weiter am Gerüst. Das Personal ist guter Hoffnung, dass bei diesem Tempo die Hausdämmung bis Weihnachten vollendet ist. Vielleicht nicht dieses Weihnachten. Aber irgendwann zu Weihnachten. Bestimmt.

Flori findet das alles sehr aufregend und würde gerne einmal mit den Handwerkern auf dem Gerüst herum spazieren, aber das Personal lässt ihn nicht. Das Personal ist einfach eine Spaßbremse. Immer schon gewesen. Nie darf Flori was. Dabei könnte er doch jetzt auf dem Gerüst einmal rund ums Haus wandern! So kann er nur am Küchenfenster sitzen und gucken, wie draußen Beine rundherum gehen. Ohne ihn. Blöd ist das.

Aber noch viel geheimnisvollere Dinge tun sich im Innenbereich der heimischen Baustelle. Zum Beispiel kommt das Personal jetzt immer durch die Wand herein. Es ist direkt gespenstisch. Bislang kam das Personal immer eine

Treppe hinauf, die auf den Balkon führte, und dann zur Balkontür herein, weswegen sich die gesamte Katzenschaft zur Heimkehrzeit bei schönem Wetter im Gehege und bei schlechtem Wetter hinter der Verandatür versammelte. Sobald das Personal auf der Treppe erschien, wurde es mit Hungergeschrei empfangen. Aber vor ein paar Tagen kam abends ein grün gewandeter Mann auf den Balkon und werkelte herum, und dann rumpelte es ein paarmal, und seitdem ist die Treppe weg. Dafür ist auf einmal am Ende des Flurs eine mysteriöse Tür aufgetaucht, die bislang hinter einer Rigipsplatte versteckt gewesen ist.

Es hat eine Weile gedauert, bis Lilly dahinter gekommen ist, dass das Personal jetzt immer durch die mysteriöse Tür hinein und hinaus geht. Darum verbringt Lilly sehr viel Zeit damit, an der mysteriösen Tür zu lauern. Die Kater hocken weiterhin an der Balkontür und sind immer ganz verstört, wenn das Personal wie von Geisterhand mit einem Mal im Flur auftaucht und vor sich hin murrt, weil es Baustaub und Katzenstreu an seinen Schuhen mit herein trägt.

Die Tür wird von den Katern mit heiliger Scheu beobachtet. Unbestätigten Gerüchten zufolge soll die Tür der Eingang zu einer sagenhaften Rumpelkammer sein, eine Art Riesen-Rumpelkammer. Flori hat sogar schon mal die Nase raus gehalten, als das Personal die Tür auf machte, um hinaus zu gehen, und berichtete von Räumen voller Staub und Krempel. Seither fürchtet sich Fritz vor der Tür. Türen sind ihm in unguter Erinnerung. Manchmal geht man vor eine Tür und kommt nie wieder hinein. Darum hält Fritz seine Nase von der Tür fern. Am liebsten wäre es Fritz, wenn die Tür wieder verschwände. Die war doch vorher auch nicht da. Vielleicht entmaterialisiert sie sich ja eines Tages auf die gleiche geheimnisvolle Weise wieder.

Außerdem haust in der großen Rumpelkammer ein grauenhaftes Ungeheuer. Das Ungeheuer sitzt seit ein paar Tagen direkt vor der geheimnisvollen Tür und brummt und faucht ganz fürchterlich. Es hat auch einen schreckenerregenden Namen, nämlich „Derscheißbautrockner." Manchmal hört Derscheißbautrockner auf zu brummen und zu fauchen und piepst stattdessen schrill und nervtötend. Am Samstagmorgen um halb fünf zum Beispiel. Dann liegt das Personal im Bett und schreit „Derscheißbautrockner!!!" So wie es auch immer „Lilly!!!" schreit, wenn Lilly nachts jodelt. Derscheißbautrockner ist aber mindestens so dickfellig wie Lilly und piepst weiter. Auch wenn das Personal schreit.

Fritz geht dann still in seinen Sessel und rollt sich zusammen und meditiert ganz feste. Wenn er nur feste genug meditiert, daran glaubt Fritz, dann wird bestimmt alles wieder so wie früher. Dann ist die Treppe wieder da und das Gehege, und die unheimliche Tür und Derscheißbautrockner sind wieder verschwunden. Und das Personal muss nicht mehr durch Wände gehen und Ungeheuer anschreien. Und dann hat es vielleicht auch wieder bessere Laune.

Riesenspaß mit Gurkentruppe | 07.09.2014

Fünf Jahre lang träumte die Villa Lilly eine Art Dornröschenschlaf, doch damit ist es nun vorbei. Bald werden wir nicht mehr allein sein im Haus, und bereits im Vorfeld herrscht zunehmend reges handwerkliches Treiben, das nach anfänglichem Befremden durchaus mit Interesse betrachtet wird.

Donnerstagmorgen, kurz vor sieben. Die weißen Handwerker treffen ein. Handwerker gibt es nämlich in vielen bunten Farben. Die Handwerker vor den Fenstern sind schwarz, die im Hausflur sind weiß, und zwischendrin tummeln sich auch manchmal blaue. Laut sind sie alle, aber am lautesten sind die weißen Handwerker um kurz vor sieben. Die weißen Handwerker sind ein cholerischer Haufen und schreien schon beim Hereinkommen schlimme Wörter. Drum ist das Personal auch immer ganz froh, um kurz vor acht das Haus verlassen zu können und das Geschrei nicht mit anhören zu müssen.

Die Katzen hingegen finden das Schlimme-Wörter-schreien ganz amüsant und gucken unter der neuen Türritze hindurch, was die weißen Handwerker so machen. Heute hängen die weißen Handwerker lauter Folien vor den Eingang zur Behausung der künftigen Nachbarn und kleben sie mit Klebestreifen fest. Die Kater staunen. Nur Lilly tippt sich an die Stirn und meint, dass die weißen Handwerker doch eine ziemliche Gurkentruppe sind. Da werden Gerüste auf- und Katzengehege abgebaut, damit nebenan Katzen mit ihrem Personal einziehen können, und dann kleben die den Eingang zu! Wozu soll das denn gut sein! Da sieht man doch wieder mal, wie der Planet in diesen traurigen Zustand geraten konnte. Weil er von Gurkentruppen beherrscht wird. Es ist wirklich höchste Zeit für die Katzenweltherrschaft, mahnt Lilly und geht auf ihr Kissen.

Die Kater gucken noch ein bisschen unter der Ritze durch, was die Gurkentruppe jetzt macht. Zum Glück haben sie den Eingang zur Villa Lilly nicht zugeklebt. Dann könnten die Kater nicht durch die Ritze gucken. Und das Personal käme auch nicht wieder rein.

Die Gurkentruppe stellt ein Gerüst im Hausflur auf und fängt an, mit einem ziemlich lauten Gerät an den Wänden herum zu schleifen. In den Katzennasen beginnt es zu kribbeln, und durch die Türritze kommt eine feine Wolke, die bald ziemlich groß ist und filigran durch die Wohnung schwebt, wo sie sich als feiner Film über alles, aber auch alles legt. Auf die Möbel, auf die Bücher, in jeden Schrank und jede Ritze.

Bald ist alles in der Wohnung hübsch gepudert. Fritz und Flori tollen umher und hinterlassen Spuren im Puder. Es sieht sehr dekorativ aus. Beim Herumtollen fliegt der Puder auch so lustig hoch und schwebt dann in der Luft herum. Ein Riesenspaß!

Um vier Uhr hört die Gurkentruppe auf zu lärmen und fährt von dannen, und um kurz nach vier kommt das Personal nach Hause. Wurde ja auch Zeit. Sonst ist das Personal immer schon um drei zu Hause, aber heute hatte es etwas, das „Friseurtermin" heißt, weswegen es unverzeihlicherweise zu spät dran ist. Die Katzen haben schon seit einer Stunde Hunger und sitzen wartend im gepuderten Flur.

Endlich geht die Tür auf. Die Katzen freuen sich und schreien, dass sie Hunger haben, aber das Personal gibt ihnen nichts zu essen. Stattdessen rennt es in der Wohnung herum, ringt die Hände und sagt schlimme Wörter. Dann fängt es an, an Fritz und Flori herum zu klopfen und noch schlimmere Wörter zu sagen, bevor es kopflos hinaus stürmt, ohne die Katzen gefüttert zu haben.

Die Katzen bleiben verwirrt zurück. Das ist ja ungeheuerlich!

Das Personal kommt mit der netten Frau zurück. Die nette Frau passt manchmal auf Handwerker auf, die in der Wohnung werkeln müssen, wenn das Personal nicht da ist. Dann knuddelt sie immer Flori. Darum ist sie eine nette Frau. Heute ist die nette Frau aber auch nicht nett, sondern rennt mit dem Personal herum, ringt auch die Hände und sagt schlimme Worte, bis Flori sich ihr mit Keiner-hat-mich-lieb-Miene in den Weg stellt, damit er endlich mal geknuddelt wird. Macht ja sonst keiner. Und zu essen gibt's auch nichts. Saftladen.

Der Rest des Wochenendes ist aber dann ganz gemütlich. Es ist nochmal warm geworden, und da ist das Personal dann meist weg und brabbelt was von „Fahrrad fahren" und „Gänse gucken", wenn es wieder kommt. Aber dieses Wochenende ist es die ganze Zeit in der Wohnung und feudelt den ganzen Puder weg.

Danke, liebe Gurkentruppe!

Regelverstoß an Base 5 | 12.09.2014

Wer Hochleistungssportkatzen wie Flori trainiert, der muss natürlich den körperlichen Zustand seines Schützlings stets im Auge behalten. Nach wie vor dreht Flori jeden Morgen seine anderthalb Runden um den Küchentisch, hochmotiviert durch die gezielten Leckerliwürfe der Trainerin. Dass er dabei noch kein Gramm abgenommen hat, ist sicherlich auf den Jojo-Effekt zurückzuführen. An mangelnder Leistungsfähigkeit liegt es auf gar keinen Fall.

Kaum ist die Leckerlidose dem Schrank entnommen, hampeln zwei aufgeregte Kater um die Füße des Personals: Es geht los, es geht los!!! Das erste Leckerli fliegt in Richtung Balkontür, Fritz hechtet hinterher und setzt elegant zum tödlichen Sprung an. Das zweite Leckerli fliegt in die entgegengesetzte Richtung. Flori watschelt hin. Währenddessen spurtet das Personal ins Wohnzimmer, wo Lilly vor dem Couchtisch sitzt und darauf wartet, dass ihre Ration vor ihren Füßen nieder gelegt wird. (Hat irgendjemand erwartet, dass auch Lilly hinter geworfenen Leckerlis her läuft?)

Inzwischen ist Fritz wieder im Dunstkreis der Leckerlidose aufgetaucht. Leckerli fliegt in Richtung Aquarium. Fritz rennt. Das Personal rennt auch. Zurück in die Küche. Flori versucht zu mogeln und hat sich schon mal da postiert, wo jeden Morgen sein zweites Leckerli hingeworfen wird. Das Personal lässt diesen groben Regelverstoß nicht durchgehen und schmeißt das Leckerli zu Base Nr. 3. Flori watschelt verdrießlich los. Fritz ist schneller da und frisst das Leckerli. Flori fängt an zu plärren. Das Personal schmeißt möglichst weit in Richtung Balkontür. Fritz rennt. Flori setzt sich hin, immerhin ist er ja jetzt wohl an Base 3. Das Personal lässt den Regelverstoß diesmal gelten und gibt Flori ein Leckerli.

Nächster Wurf: Base 4. Fritz nähert sich aus dem Wohnzimmer. Flori gibt Gas, ist kurz vor Fritz an Base 4, bremst scharf ab und überschlägt sich. Kann aber im Flug grade noch das Leckerli ergattern. Fritz plärrt. Das Personal schmeißt ihm ein Leckerli und rennt zurück ins Wohnzimmer, wo Lilly sich beschwert, weil ihre Leckerlis schon alle sind und die anderen noch was haben. Lilly kriegt Nachschub. Flori watschelt zu Base 5 und setzt sich hin. Das Personal lässt diesen Regelverstoß nicht gelten und stellt die Leckerlidose auf dem Küchentisch ab, um Flori zurück zu Base 4 zu tragen. Bevor es dort ankommt, ist Fritz aus dem vollen Lauf heraus auf den Küchentisch gesprungen, mit der Tischdecke ins Rutschen gekommen und mit der Leckerlidose kollidiert. Die Tischdecke wird von einer Stuhllehne gestoppt, Fritz fliegt noch ein Stück und Flori freut sich, denn es regnet Leckerlis.

Das Personal will diese Regelverstöße nicht gelten lassen und die Leckerlis einsammeln, im Team bricht Meuterei aus. Auch Lilly verlässt jetzt den Couchtisch und macht mit, denn Meuterei ist immer gut. Als das Personal alle verstreuten Leckerlis aufgesammelt hat, derer es allen Gewalttätigkeiten zum Trotz habhaft werden konnte, ist die Dose nur noch halb so voll.

Erschöpft stellt das Personal die geplünderte Dose zurück in den Schrank und sinkt am Frühstückstisch nieder. Da ertönt ein jämmerliches Plärren.

Flori sitzt an Base 6 und wartet auf den letzten Wurf.

Entspannt mit Wurst im Hier und Jetzt
| 20.09.2014

Fritz ist mit seiner Geduld am Ende! Mit ganz viel Tortellini-Yoga hat er bislang alles stoisch ertragen. Den ganzen Lärm und den Staub und die Unruhe. Und dass das Gehege weg ist. Zwar liegt Fritz lieber auf dem Sofa als dass er hinaus geht, aber darum geht es ja nicht. Es geht darum, dass er hinaus gehen könnte, wenn er wollte. Stattdessen trampeln dauernd irgendwelche fremden Leute da rum, wo Fritz normalerweise hinaus gehen könnte. Wenn er wollte.

Um das Maß voll zu machen, hat man nun auch noch tagelang im Halbdunkeln hocken müssen. Die Handwerker geben sich mittlerweile die Klinke in die Hand, und die Montags-Handwerker haben verfügt, dass die Rollläden stundenlang herunter zu lassen seien, weil sie mit einem Hochdruckreiniger an der Fassade herum zu sprühen wünschten. Das hat Fritz gar nicht gefallen. Weder das Verdunkeln noch das Herumsprühen.

So, jetzt reicht's mir, hat sich Fritz gedacht. Ich muss ein Zeichen setzen. Oder gleich mehrere. Ich kotz jetzt erst mal wieder die Hütte voll. Dann werden die schon merken, dass ich die gegenwärtige Situation als außerordentlich unbefriedigend beurteile. Außerdem trete ich in den Hungerstreik. Das habt ihr jetzt davon!

Was Fritz dann davon hat, ist ein Donnerstagnachmittag beim Tierarzt, zwei Spritzen in den Nacken und dreißig Kapseln Zylkène®, die nun täglich in Wurst gewickelt ihren Weg in Fritzens gebeuteltes Innenleben finden. Das mit der Wurst findet Fritz gar nicht so schlecht. Wurst ist ein Highlight, denn Wurst gibt es selten. Auf den Butterbroten, die Fritz ab und zu mal klaut, ist mit viel Glück mal Käse drauf. Meistens aber nur so eine Soja-Pampe. Kann man auch essen, wenn man's schon geklaut hat. Aber Wurst ist natürlich um Klassen besser.

Wirkt auch super. Fritz ist schon viel entspannter und kann den Neurosen des Personals mit großer Gelassenheit begegnen. Der lila-Stecker-Neurose zum Beispiel. Den lila

Stecker hat das Personal unter großem Hallo angeschleppt und eingestöpselt, und nun trägt es Fritz alle Naselang zum Stecker, und dann muss er daran riechen und die Frage beantworten: „Spürst du schon was, Fritz? Da sind Pheromone drin! Spürst du's schon?"

Nee, denkt Fritz, ich spür nix, außer vielleicht ein leichtes Hungergefühl, gib mir lieber noch 'ne Scheibe Wurst. Das Personal hampelt immer noch mit Fritz auf dem Arm vor dem Stecker rum. Fritz versucht, seine Botschaft mit Schnurren zu unterstreichen. Das Personal freut sich und schreit „Siehst du, es wirkt schon!" und legt sich mit Fritz aufs Sofa.

Na ja, dann eben keine Wurst, sondern Wolldecke, denkt Fritz und tretelt ein bisschen. Treteln ist aber im Moment auch nicht das, was es mal war. Die Fritz-Decke hängt nämlich noch in der Dusche rum, weil Fritz drauf gekotzt hat. Auf dem Sofa liegt jetzt die Ersatzdecke. Und die Ersatzdecke ist noch nicht so richtig eingetretelt. Fritz legt sich hin. Draußen ist ein Gewitter, und es regnet ganz doll. Drinnen auch. An den Deckenpaneelen haben sich dicke Tropfen gebildet, die sich nun lösen und die Wand entlang laufen. Wie so ein Feng-Shui-Brunnen, denkt Fritz, total beruhigend. Fritz schnurrt begeistert. Das Personal regt sich auf, weil der Fernseher nicht geht. Wenn Gewitter ist, geht der Fernseher nicht, weil es dann so auf die Satellitenschüssel regnet. Fritz schnurrt den neuen Feng-Shui-Brunnen an und findet, dass es keinen Fernseher braucht, wenn man einen Wasserfall mitten im Wohnzimmer hat. Das Personal sollte da auch mal hingucken. Dann würde es sicherlich auch seine Mitte finden.

Das Personal guckt hin, aber seine Mitte findet es trotzdem nicht. Stattdessen springt es vom Sofa, dass Fritz und

Wolldecke nur so fliegen, und schreit „Scheiße, das Dach!"
und „Gurkentruppe!!!" und „Wo sind meine Schuhe!" und
„Wo ist der Regenschirm!", bevor es kopflos aus der Wohnung trampelt, wobei es was von „Vermieter Bescheid sagen", „Dachdecker" und „Wochenende" faselt.

Fritz bleibt verwirrt zurück und überlegt sich, ob er zur
Strafe ins Bett kotzen soll. Macht sich aber dann ein Nest aus
der Wolldecke und guckt weiter Feng-Shui-Brunnen. Sieht
lustig aus. Die Bilder an der Wand wellen sich so ulkig. Das
Personal ist immer so unentspannt.

Das kommt von dem komischen Zeug auf den Butterbroten, denkt sich Fritz. Das Personal sollte auch mal so eine
Scheibe Wurst mit Pulver essen. Das beruht total!

Bei Wolldecken hört die Männerfreundschaft auf
| 27.09.2014

An der Baustellenfront ist es diese Woche verhältnismä-
ßig ruhig geblieben. Dieser erfreuliche Umstand könnte in
der weitgehenden Abwesenheit der handwerklichen Kom-
petenzteams begründet liegen. Der Chef der Dachdecker
jedenfalls ist erst mal in den Urlaub gefahren, und in seiner
Abwesenheit darf das Dach nicht weiter gedeckt werden.
Immerhin sind auf der Straßenseite schon die Pfannen
drauf. Man muss ja nichts überstürzen. Es regnet auch nicht
mehr durch, die undichte Stelle am Kamin wurde zumindest
schon mal abgedichtet.

Bis auf einen stromlosen Abend, an dem im Keller irgendwelche Zähler ausgetauscht wurden, verlief das Leben

in der Villa Lilly also weitgehend unbeeinträchtigt. Wenn man mal vom spektakulären Tod der Mikrowelle absieht, als der Strom wieder eingeschaltet wurde. Die Mikrowelle war schon sehr alt. Vermutlich war ihre Zeit einfach gekommen. Und immerhin hat sie sich mit einem Aufsehen erregenden Feuerwerk von uns verabschiedet, das vor allem Flori sehr beeindruckt hat.

Jetzt jedenfalls ist der Strom wieder da, das Personal hat kurzerhand die Mikrowelle der Katzengroßeltern konfisziert, die ohnehin ein sehr stiefmütterliches Dasein geführt hat, eine goldene Septembersonne ergießt ihren warmen Schein über die kaputten Dachpfannen und zerfledderten Dämmplatten auf dem Balkon, und Lilly genießt das schöne Wetter in dem Sessel, den das Personal sich ans Fenster gestellt hat. Keine Sturzbäche, keine Staubwolken, keine funkensprühenden Elektrogeräte. Das Leben könnte friedlich sein. Wäre da nicht die Wolldecke.

Ja, die Wolldecke. Die Wolldecke wurde bereits im letzten Winter in weiser Voraussicht am Schnäppchentisch bei Aldi mitgenommen. Besser, man hat eine Ersatzwolldecke im Schrank liegen, hat das Personal damals gedacht. Wer weiß, wann Fritz seine Wolldecke tot getretelt hat. Das kann ganz schnell gehen. Schneller als eine Mikrowelle explodiert. Und dann liegst du da mit deinen nackten Beinen und einem Kater mit sexueller Fehlorientierung.

Nun ist die neue Wolldecke im Einsatz, und Fritz hat einige Tage lang sehr mit ihr gehadert und traurig und verloren auf dem Teppich gesessen und sehnsüchtige Blicke zu dem ihm fremd gewordenen Sofa geworfen. Flori hingegen fand die neue Wolldecke ganz prima und hat sie gleich zum neuen Lieblingsschlafplatz erkoren. Die neue Wolldecke ist dunkelrot und bildet einen außerordentlich reizvollen Kontrast zu weißen Katzenhaaren. Flori findet das total ästhetisch. Die neue Wolldecke ist auch nicht so zerrupft oder verströmt so einen penetranten Fritzgeruch. Flori ist glücklich mit der neuen Wolldecke. Bis Freitagabend.

Freitagabend hat Fritz seinen Trennungsschmerz überwunden und das Sofa erklommen. Nun klemmt er wieder am Personalbein, schnurrt brunftig und bearbeitet die neue Wolldecke. Das Personal hat ein bisschen Kopfschmerzen, weil es über eine vor der Balkontür liegen gelassene Dämmplatte gestolpert und mit dem Kopf ans Gerüst geknallt ist, woran es sich aber fast schon so gewöhnt hat wie an die kleinen Löcher im Bein, die Fritz beim Treteln in seine Haut bohrt. Das Leben ist nichts für Weicheier. Da taucht Flori auf der Sofalehne auf.

Flori erblickt den tretelnden Kumpel, und etwas Verschlagenes stiehlt sich in seinen Blick. Alter, jetzt fängt das wieder an! Aber nicht dieses Mal, nicht mit meiner Decke.

Flori wartet, bis Fritz fertig getretelt hat und erschöpft nieder sinkt. Fritz dreht sich noch ein paarmal hin und her und rollt sich mit einem Seufzen auf dem Personalbauch zusammen. Floris Blick beginnt zu flackern. Da wollte er sich hinlegen! Erst die Decke zerrupfen, und sich dann auch noch an die weichste Stelle legen! Na warte.

Flori stampft über die geschundenen Personalbeine hinweg, schmeißt sich auf Fritzens Rücken und beginnt enthusiastisch seine Ohren zu putzen, wobei er hingebungsvoll schnurrt. Fritz freut sich, schließt die Augen und reckt den Hals. Flori putzt und schnurrt und schnappt dann unvermittelt nach Fritzens Halsschlagader wie ein schmachtender Vampir. Fritz quellen die Augen raus, und er beginnt zu röcheln und versucht, sich auf den Rücken zu drehen. Flori bringt sein durchtrainiertes Kampfgewicht zum Einsatz und drückt Fritz in die misshandelte Wolldecke. Fritz strampelt. Flori lässt unvermittelt los. Fritz rollt vom Sofa, kullert über den Teppich davon und wird von Lillys Schlafkissen ausgebremst.

Die Diva ist äußerst ungehalten und verpasst dem ungebetenen Besuch erst mal ein paar Ohrfeigen. Während Fritz sich mit zerzausten Ohren kleinlaut von dannen schleicht, dreht Flori sich auf dem Personalbauch ein paarmal hin und her und lässt sich dann zufrieden nieder plumpsen.

So sind sie, die Kerle. Kommt eine Wolldecke ins Spiel, ist's vorbei mit der Kameradschaft.

Katzenspielzeug, Körbchen, Kunst | 05.10.2014

Katzenlose Menschen finden vieles sehr befremdlich, was in Katzenhaushalten als normaler Lebensstil gilt. Dass beim Betreten des Flurs Katzenstreu unter den Schuhen knirscht beispielsweise oder dass man erst warten muss, bis das Sofa mit der Kleiderbürste entflust ist, bevor man sich setzen kann. Oder dass überall Katzenspielzeug herum liegt.

Der leidgeprüfte Vermieter der Villa Lilly ist auch so ein armer Mensch, der keine Katze hat. Dafür hat er eine Baustelle, die macht auch sieben Tage die Woche ganz viel Freude. Am vergangenen Sonntag beispielsweise kurvte das Personal vergnügt mit dem Fahrrad in einer Gegend herum, in der es noch nie zuvor mit dem Fahrrad herum gekurvt war. Wenn man aber einen Vermieter hat, der am Sonntag-

vormittag mit weithin hörbarem Getöse die Wandverklei-
dung am Balkon abbricht, dann findet man auch aus unbe-
kannten Gefilden heraus ganz prima nach Hause. Der Vermieter freute sich auch total, dass das Personal schon wieder
da war, weil er noch in die Wohnung wollte, um von dort
aus ein Loch in die Wand zu bohren und ein paar Steckdo-
sen lahm zu legen. Es knallte ganz mächtig, und im Aquarium ging das Licht aus, was den Vermieter aber nicht weiter
störte, ganz im Gegensatz zu den Stoffmäusen. Andauernd
auf Stoffmäuse zu treten, kann für haustierlose Menschen
eine nervenaufreibende Erfahrung sein. Sie denken dann
immer, sie hätten gerade ein Haustier tot getreten, und
gleich heult die Mieterin, und dann ist der Sonntag erst mal
so richtig im A…scheneimer.

Rücksichtsvoll wie es die Art des Personals ist, sann es
seither über eine Möglichkeit nach, den Stresspegel haustier-
loser Menschen so niedrig wie möglich zu halten. Schließlich
nahte der Personalgeburtstag, und haustierlose Menschen
würden zu Besuch kommen.

Die Schnäppcheneckenindustrie indes hat die Problema-
tik, die sich aus dem Zusammenleben von katzengeführten
und noch nicht katzengeführten Menschen ergeben, bereits
erkannt und die 1-Euro-Ecken der Verbrauchermärkte mit
lustigen Plastikkörbchen in fröhlichen Farben bestückt. Im
Zweierpack! Nun kann nichts mehr schief gehen, dachte das
Personal, trug einen Zweierpack pinkfarbener Körbchen
heim und sammelte das über die ganze Wohnung verstreute
Katzenspielzeug hinein.

Auch nach beinahe zwanzig Jahren Dienst an der Katze
hat das Personal leider immer noch Ausfälle. Natürlich liegt
das Katzenspielzeug tagelang an derselben Stelle, bis es

beim wöchentlichen Hausputz weggeräumt wird. Selbstverständlich wird nicht damit gespielt. Jedenfalls nicht so, wie das Personal sich das vorstellt. Also dass die Katzen mit dem Spielzeug herum tollen und es haschen und dabei glücklich und ausgelastet sind. Sie schmeißen es überall rum, und dann lassen sie es liegen, damit das Personal vor dem Hausputz erst mal eine Stunde mit dem Aufsammeln beschäftig ist. Oder damit Vermieter drauf latschen und denken, sie hätten was tot getreten. Das ist lustig und amüsiert die Katzen viel mehr als so eine blöde Stoffmaus zu haschen. Oder auch einen Grapefruitkern, Plastikdeckel oder ein Stück Aquarienschlauch. Für den Begriff „Katzenspielzeug" haben Katzen ihre ganz eigene Definition. Der Fußboden eines Katzenhaushaltes ist mitunter von dem eines Messie-Haushaltes nicht ganz klar unterscheidbar. Einer Besucherin, die in der Villa Lilly vermeintlichen Müll aufklauben wollte, wurde schon mal von Flori fast der Arm abgerissen. Die Tante klaut MEINE Pommesgabel!!!

Den ganzen Ramsch in ein pinkfarbenes Körbchen zu sammeln, das man dann manierlich am Fuße des Kratzbaumes aufstellt, ist jedenfalls eine ganz blöde Idee. Wer sowas macht, damit am Geburtstag keiner auf ein Katzenspielzeug tritt, der sollte nochmal einen Kursus „Katzenverstehen" an der Volkshochschule belegen.

Dann wird auch in Zukunft das Körbchen kurz nach der Ankunft der Geburtstagsgäste nicht ausgekippt und der absonderlich anmutende Inhalt vor der Balkontür verteilt.

Man kann's natürlich immer noch als künstlerisches Installationsobjekt deklarieren.

Völkerschlacht, Motte, Metamorphose I 12.10.2014

Eine aufsehenerregende neue deutsch-amerikanische Studie kommt zu dem Ergebnis, dass der Mensch nicht nur in der Pubertät eine grundlegende Persönlichkeitsänderung durchmacht, sondern ab dem siebzigsten Lebensjahr noch eine zweite erfährt. Das hätte ich allerdings auch ohne Studie gewusst. Der Katzengroßvater kam mit einundsiebzig auf die Idee, Fallschirmspringen sei ein prima Hobby für Senioren, die Katzengroßmutter drückt sich seit einiger Zeit die Nase an den Schaufensterscheiben der Motorroller-Händler platt, und Lilly wird auch allmählich komisch.

Ein trüber Herbstabend. Es regnet, die Baustelle sieht noch trostloser aus als ohnehin, und das Personal beschließt, früh ins Bett zu gehen. Dort ist es kuschelig und warm, und ein Stapel Krimis aus der Leihbücherei lockt zum gemütlichen Leseabend. Voller Freude zieht das Personal seine Bettsocken an, schaltet das Leselämpchen ein und kriecht unter die Decke.

Da fällt ein Schatten auf die Buchseiten. Der Schatten ist ziemlich groß, flattert aufgeregt und macht knisternde Geräusche. Entsetzt schaut das Personal auf. Eine Motte. Eine riesige, fette Motte flattert um die Lampe.

Jetzt gibt es exakt drei Möglichkeiten. Möglichkeit eins: Motte ignorieren und weiterlesen und innerhalb von dreißig Sekunden die Völkerschlacht von Leipzig mit drei entfesselten Katzen auf der Jagd nach einer Motte im Bett haben. Eine Option, die nicht zu unterschätzende Kollateralschäden an Bettzeug, Tapete und Bettlektüre mit sich bringen könnte. Möglichkeit zwei: Aufstehen, die Motte einfangen, die Rollläden wieder hochziehen und die Motte in ihr natürliches Habitat zurück befördern. Eine Option, die kalte Füße nach sich zöge und die Folgen von Möglichkeit eins dennoch nicht ausschlösse. Möglichkeit drei: Buch zu, Licht aus und hoffen, dass die drei Hurrapatrioten den feindlichen Einfall noch nicht bemerkt haben. Das Personal entscheidet sich für Möglichkeit drei, und die Nacht bleibt friedlich.

Unglücklicherweise schnarcht Flori direkt unter der Lampe, als am nächsten Morgen der Wecker dudelt und das Licht angeknipst wird und die dumme Motte umgehend heran geflapt kommt. Flori macht die Augen auf, erblickt den Feind und ist mit einem Schlag hellwach. Und entfesselt. Die Völkerschlacht von Leipzig bricht los, es kommt zu Kollateralschäden an Bettzeug, Tapete und Personal. Die Bettlektüre bleibt unbeschadet, denn sie befindet sich hinter der Frontlinie auf dem Nachttischchen. Fritz steht an der Tür und versucht die Situation einzuschätzen. Lilly ist mit ihrer Einschätzung schon fertig und huscht unters Bett. Flori schlägt die Motte k.o. Die Motte rutscht an der Wand runter.

Flori ist verwirrt. Wo ist das feige Aas geblieben? Gerade saß es doch noch auf der Tapete und flatterte provozierend mit den Flügeln, und jetzt auf einmal ist es weg. Bestimmt hat es sich versteckt, um Flori aus dem Hinterhalt zu überfallen! Aber diese miese Taktik wird nicht aufgehen. Flori beginnt umgehend, unter der Bettdecke herum zu wühlen. Da! Da ist das feige Stück, jetzt gibt's aber ordentlich was an die Mappe! Mann, ist das ein dicker Brocken – was ist denn jetzt schon wieder, wieso schießt denn das Personal auf einmal in die Höhe? Immer diese Zivilisten. Meine Zehen, meine Zehen? Was bitte haben Zivilistenzehen an der Front zu suchen? Und wo ist der Feind? Er kann doch nicht verschwunden sein!

Der bewusstlose Feind ist indes unter das Bett gefallen, wo es seit einiger Zeit schon vernehmlich schmatzt, und das Personal ist erschüttert. Vor einem Jahr noch hat Lilly im schneidenden Ostwind auf dem herbstlichen Balkon für das dicke Kind Mäuse gefangen, damit es der mangelhaften Versorgung zum Trotz wohl genährt heran wächst. Und jetzt mampft sie ihm die mühsam erlegte Motte weg!

Ja, das Alter. Nicht jeden macht es gütig und weise.

Survival in der Rumpelkammer | 19.10.2014

Die Natur ist erbarmungslos. Nur die Klügsten, Stärksten, Schnellsten setzen sich durch im täglichen Überlebenskampf. Die anderen gucken in die Röhre. Oder an die leere Wand, an der doch eben noch die Motte saß.

Auf seinem steinigen Weg zum Erwachsenwerden muss Flori so manche Herausforderung bewältigen. Zum Beispiel erschlagene Motten zurückerobern. Oder eine Strategie entwickeln, eine Dreiviertelstunde unfreiwilliger Kerkerhaft zu überleben.

Das Personal pusselt schon wieder kopflos in der Wohnung umher. Gerade hat es unter dem Schrank ein Depot leerer Futterdosen und -schälchen ausgehoben, das die Katzen dort offenbar für schlechte Zeiten angelegt haben. Schließlich geht das Personal jeden Tag weg, und manchmal kommt es nicht pünktlich zur Futterzeit zurück, und dann kann man eine leere Dose hervor holen und mit der Pfote ein bisschen drin herum popeln. Manchmal findet man auf diese Weise noch einen Krümel. Leider inspiziert das Personal die Verstecke regelmäßig und trägt die eiserne Reserve dann vor sich hin motzend in die Rumpelkammer, um sie im Gelben Sack zu versenken.

Flori geht mit und versteckt sich unter dem Regal. Das Personal versenkt die Dosen und geht wieder raus. Flori wartet gespannt. Bestimmt kommt das Personal gleich wieder und versucht, ihn unter dem Regal hervor zu ziehen. Das ist immer total lustig. Flori verkeilt sich dann in dem Gerümpel unter dem Regal, und dann wird das Personal rot im Gesicht und sieht unheimlich witzig aus.

Heute kommt das Personal allerdings nicht wieder, um an Flori zu ziehen. Komisch. Flori tappst zur Tür. Die Tür ist zu. Flori maunzt fragend. Fritz antwortet von draußen, aber es kommt kein Personal. Flori kratzt von innen an der Tür und Fritz von außen. Das scheint Flori nicht sehr effizient. Das kann ja Tage dauern, bis man gemeinschaftlich ein Loch in die Tür gekratzt hat, durch das Flori hindurch passt.

Flori setzt sich hin und denkt nach. Der wichtigste Survival-Grundsatz lautet: Suche nach Nahrung! Und Flori spürt schon, wie der Hunger in seinen Eingeweiden nagt. (Gut, das spürt er eigentlich dauernd, aber trotzdem.) Das Personal holt doch immer die Futterdosen aus der Rumpelkammer. Vielleicht kann er eine auf nagen?

Voller Tatendrang klettert Flori ins Regal. Da stehen sie, die Dosen. Und da steht auch eine Schachtel. Mal gucken, was da drin ist – boah, was für ein Glück! Die Schachtel ist voll mit kleinen Folienbeuteln, auf denen „Premium-Katzenfutter" steht! Flori nimmt sich gleich einen Beutel, nagt ihn auf und stillt den schlimmsten Hunger. Das Premium-Katzenfutter schmeckt echt super. Flori holt sich gleich noch einen Beutel. Man weiß ja nicht, wie lange man hier drin noch ausharren muss. Besser, man frisst sich eine ordentliche Grundlage an. Sind ja noch drei Beutel da.

Draußen vor der Tür knurrt Fritz der Magen. Aus der Rumpelkammer zieht ein verführerischer Duft, und man hört Flori schmatzen und kauen. Fritz kratzt an der Tür und maunzt empört. Was sind denn das für neue Methoden! Wieso kriegt Flori in der Rumpelkammer was zu essen und er nicht!

Inzwischen ist auch Lilly von dem herrlichen Duft wach geworden, wackelt eilig durch den Flur und kreischt entrüstet. Das dicke Kind hat sich mit Leckerfutter verbarrikadiert und gibt nichts ab! Unmöglich, sowas! Wo bleibt denn nur das Personal!

Das Personal hat, phlegmatisch wie es ist, als Letzte von den alarmierenden Vorgängen Kenntnis genommen. Jetzt kommt es heran geschlurft und stellt erst mal wenig zielführende Fragen wie: „Was macht ihr denn hier?" und: „Was poltert denn da so?" und ganz zum Schluss erst: „Wo ist denn Flori?", bevor es endlich die Rumpelkammertür aufmacht und gleich mit sinnlosen Statements wie: „Iiiiieeh was stinkt denn hier so!" und „Bäh! Flori!!! Der ganze Boden klebt!" mal wieder seine totale Inkompetenz unter Beweis stellt. Anstatt Fritz und Lilly auch ein Beutelchen aufzumachen, schmeißt es alle Katzen aus der Rumpelkammer und schleppt aufgescheucht Feudel und Eimer heran.

Unglaublich. Die Katzen setzen sich vor die Rumpelkammer und warten ab. Fritz und Lilly haben Hunger. Flori guckt etwas glasig und rülpst. Als das Personal wieder zum Vorschein kommt, fangen Fritz und Lilly umgehend an zu schreien. Flori kotzt das Premiumfutter und Teile des Folienbeutels aus. Das Personal kreischt was von „Tierklinik", „Darmverschluss" und „Wochenende" und geht Flori für den Rest des Tages mit der Frage: „Hast du Bauchschmerzen, Flori?" auf die Nerven.

Flori hat keine Bauchschmerzen. Ihm ist nur etwas flau, weil im Bauch ja nun wieder ein Vakuum ist. Dass das Personal ihn dauernd auf den Rücken rollt und an seinem Bauch rum drückt, macht die Sache auch nicht besser. Als Flori aufs Klo muss, kommt es sogar mit einer Taschenlampe angerannt, kniet sich ganz aufgeregt hin und beleuchtet das Geschehen.

Flori ist fassungslos, aber das Personal ist ganz außer sich vor Freude, weil Flori einen Haufen gemacht hat. Flori versteht das nicht. Er macht doch jeden Tag einen Haufen, und nie freut sich das Personal darüber. Meistens nörgelt es sogar rum, Flori möge doch bitte weniger stinken und vor allem besser zielen und nicht grade dann herum müffeln, wenn das Personal beim Essen sitzt.

Reichlich verstört zieht Flori von dannen. Das Personal hat den Haufen ausgebuddelt und beleuchtet ihn begeistert mit der Taschenlampe. Dabei schreit es „Super Flori!" und „Klappt ja alles!" und kann sich offenbar kaum lassen vor Entzücken.

Ein bisschen traurig legt Flori sich schlafen. Eigentlich hat er das Personal ganz lieb gewonnen, aber jetzt wird man sich wohl neues suchen müssen. Das alte kommt bestimmt bald in die Klapsmühle.

Überfall der Killerzwerge | 26.10.2014

Der Herbst hat Einzug gehalten. Um das frisch in Styropor verpackte Haus heult der Wind, der Himmel ist grau und die Blätter fallen. Immer öfter muss die Balkontür zu bleiben, die Stimmung ist gedrückt. Traurig drücken sich drei kleine rosa Nasen ans Fenster, wehmütige Blicke verfolgen den wilden Tanz der bunten Blätter dort draußen. Na ja, denken drei Erbsenhirne, was soll's, machen wir das Beste draus. Machen wir einfach das, was wir jeden Herbst machen. Kuscheln wir uns auf unsere Kissen und verpennen wir den Tag.

Und erzählen uns Geschichten. Wohlig-gruselige Geschichten von der großen bösen Welt dort draußen. Dann ist's herinnen noch mal so schön.

Fritz kennt die große böse Welt dort draußen am besten, weil er am längsten in ihr herum gestolpert ist. Schauerliches weiß er zu berichten. Von schlimmen Menschen, die arme Katzen davon jagen, weil sie ihre Gemüsebeete düngen wollten. Von brummenden Autos und brüllenden Hunden. Und von unheimlichen Zwergen. Die unheimlichen Zwerge verfolgen hilflose Katzen, ziehen sie an den Schwänzen und pulen in ihren Ohren rum. Lilly und Flori sind immer ganz gebannt, wenn Fritz von den unheimlichen Zwergen erzählt. Gut, dass es die nur da draußen in der großen bösen Welt gibt, denkt Flori dann erleichtert und legt sich wohlig schaudernd auf sein Lieblingskissen. Hier kommen die nicht rein, die unheimlichen Zwerge.

Flori sitzt grade auf dem Kissen, das das Personal für die Katzen vor die Balkontür gelegt hat, und guckt, was draußen so los ist, als mit einem Mal das Telefon klingelt und das Personal daraufhin aus der Wohnung stolpert. Das bedeutet meist nichts Gutes. Die Türklingel geht derzeit nicht, weil die Leitung wegen der never ending Renovierung gekappt ist, und wenn das Telefon klingelt und das Personal stolpert raus, dann kommt es meistens mit Besuch wieder.

Lilly und Fritz horchen gebannt, während Flori mäßig interessiert ist und weiter aus dem Fenster guckt. Im Hausflur trampelt es. Fritz spitzt die Ohren. Ein Besuch trampelt leiser als die anderen. Fritz ist starr vor Entsetzen. Ein Zwerg, schreit Fritz, da kommt einer, da kommt ein unheimlicher Zwerg! Der kommt hier rein!!!

Lilly und Fritz verstecken sich rasch, nur Flori hat den Zwergenalarm nicht mitbekommen und guckt weiter aus dem Fenster. Der Zwerg kommt durch den Flur gestampft und steuert sogleich mit dem begeisterten Ausruf „Da! Katze!" auf Flori zu. Flori merkt das aber erst, als der Zwerg neben ihm aufs Kissen plumpst und ihm einen Finger ins Ohr steckt, wobei er freudig „Katze!" kräht.

Flori ist außer sich vor Schreck. Huch, ein Zwerg! Wie ist der hier rein gekommen? Der Zwerg brabbelt unterdessen „Katze" und irgendwas in Zwergensprache, was außer ihm keiner versteht. Flori bringt sich mit einem Satz in Sicherheit und beobachtet den Zwerg aus sicherer Entfernung. Der Zwerg steht auf und wackelt energisch hinter Flori her. Flori dreht sich um und rennt. Schnell, unter den Küchentisch! Unter dem Küchentisch ist er in Sicherheit, da kommt das Personal auch nicht hin, wenn Flori der Aufforderung zum Ohrensaubermachen keine Folge leistet.

Der Zwerg macht sich auf in Richtung Küchentisch und findet unterwegs die herunter gefallene Kleiderbürste, mit der das Personal immer das Sofa enthaart. „Bürste!" ruft der Zwerg begeistert und nimmt Flori unter dem Küchentisch ins Visier. „Katze bürsten!" Von wegen, denkt Flori, hau bloß ab, ich bleib hier sitzen, ich komm nicht raus. Macht nix, denkt der Zwerg, ich bin ein Zwerg, ich komm zu dir. Wenn sich Zwerge auf alle Viere nieder lassen, passen sie prima unter Küchentische. Flori ist fassungslos. „Katze bürsten." sagt der Zwerg energisch und will Flori übers Fell striegeln. Flori schießt unter dem Küchentisch hervor und wirft dem Personal verzweifelte Blicke zu. Tu endlich was! Tu den Zwerg weg!!!

Zum Glück weiß das Personal Zauberworte, die das Interesse bürstenbewaffneter Zwerge umgehend von verstörten Katzen ablenken. In diesem Fall heißt das Zauberwort „Bagger." Als der Zwerg das Zauberwort hört, lässt er umgehend die Bürste fallen und hat strubbelige Floris vergessen. Enthusiastisch „Bagger! Bagger!" rufend stiefelt der Zwerg in Richtung Flur, den restlichen Besuch und das Personal im Schlepptau. Zutiefst erleichtert hören die Katzen, wie die Wohnungstür hinter ihnen zufällt und die Zwergenschritte die Treppe hinunter tapsen.

Draußen heult der Wind, die Blätter wirbeln und der Himmel wölbt sich düster über der frierenden Erde. Drinnen sitzen drei Katzen auf dem Kissen am Balkonfenster und sehen zu, wie der Besuch und das Personal auf der Baustelle herum stehen und den Zwerg beaufsichtigen, der den Bagger umkreist und aufgeregte Zwergengeräusche macht.

Guck dir den an, sagt Flori, Bagger bürsten. Zwerge sind doch wunderliche Wesen.

So wild und gefährlich und voller böser Zwerge die Welt dort draußen vor der Tür auch sein mag: Sie reizt doch auch zum Abenteuer. Selbst Kater, die es eigentlich besser wissen müssten, können da mitunter nicht widerstehen. Dann geht es mit ihnen durch. Dann rennen sie hinaus.

Seitdem die geheimnisvolle Tür am Ende des Flurs aufgetaucht ist, haben die Katzen das Warten an der Balkontür aufgegeben und auf die Wohnungstür verlagert. Auf keinen Fall darf man den Moment verpassen, da das Personal die Tür aufschließt und die Wohnung betritt. Wenn man dann nicht umgehend in lautes Geschrei ausbricht, merkt die dusselige Trine womöglich nicht, dass man Hunger hat. Das gilt es zu vermeiden.

Nur Flori verpasst den Moment dann und wann, weil er verschlafen hat. Er wird dann immer erst wach, wenn die Futterdose aufgemacht wird und der Duft ihn in der Nase kitzelt. Das sind verstörende Momente. Aber dank seiner robusten Psyche kommt Flori über solche Traumata immer schnell hinweg.

Auch jetzt stehen Fritz und Lilly wieder alleine an der Tür und lauschen den Personalschritten, die die Treppe herauf kommen. Lilly trompetet umgehend los, sobald die Tür sich einen Spalt öffnet. Fritz schiebt eine Pfote durch die Tür. Das Personal befiehlt den sofortigen Pfotenrückzug. Fritz hat seinen rebellischen Tag und ist mit einem Satz durch die Tür. Das Personal befiehlt den sofortigen Fritzrückzug. Lilly verstummt und wedelt verwirrt.

„Dann bleibst du eben draußen." sagt das Personal und hängt schon mal seine Jacke auf. „Lilly kriegt jetzt jedenfalls Futter." Pah, denkt Fritz, Hobbypädagogik, das zieht bei mir nicht. Ich geh mal gucken, was in der Nachbarwohnung so los ist. Wagemutig betritt Fritz den Nachbarflur. Da wohnt nämlich noch niemand, und die Tür ist immer offen. Lilly wedelt unentschlossen und hüpft dann auch in den Hausflur. Das Personal schreit „Lilly!!!" Lilly hüpft schnell wieder rein. Das Personal schreit „Fritz!!!" Fritz legt die Ohren an und springt mit kühn erhobenem Schwanz den Nachbarflur entlang. Seine weißen Pfoten leuchten in der Dunkelheit.

„Kommst du SOFORT raus da!" kommandiert das Personal und sieht die weißen Pfoten im benachbarten Bad verschwinden. Lilly will jetzt auch rebellisch sein und wackelt wieder in Richtung Ausgang. Das Personal flucht, schlüpft hinaus und macht die Tür zu.

Nun steht es im Hausflur und starrt in die dunkle Nachbarwohnung. „Fritz?" „Mau?" tönt es dumpf. „Komm raus da!" „Mau!" (Nee, mach ich nicht. Komm du doch rein, wenn du dich traust.) „Frihitz." sagt das Personal in bester Nils-Marvin-die-Mama-wird-gleich-böse-Manier. „Es gibt jetzt Futter. Wenn du jetzt nicht kommst, dann musst du draußen bleiben. Ich geh jetzt wieder rein." Pfff, denkt Fritz, machst du ja doch nicht.

Das Personal geht wieder rein und macht die Tür zu. Es ist pädagogisch von großer Bedeutung, angedrohte Konsequenzen auch stringent durchzuziehen. Lilly fängt an zu trompeten und rennt in die Küche. Inzwischen ist auch Flori wach geworden und kommt schlaftrunken um die Ecke gewankt. Wie, das Personal ist schon zu Hause? Gibt's was zu essen? Wieso sagt ihm keiner was? Müde setzt Flori sich vor die Rumpelkammertür und gähnt. Bloß nicht verpassen, wenn die Futterdose raus geholt wird.

Statt der Rumpelkammertür macht das Personal jedoch die Wohnungstür auf und schreit: „FRITZ zum Donnerwetter!", worauf ein geölter Blitz zur Tür herein schießt, am verblüfften Flori vorbei durch die Küche, wo Lilly im Weg ist und kurzerhand umgerannt wird. Lilly rappelt sich auf, rennt dem Blitz hinterher und drischt ihm aufs Hinterteil. Der Blitz verschwindet unterm Bett. Lilly marschiert wieder in die Küche und trompetet ungeduldig. Das Personal holt die Futterdose aus der Rumpelkammer. Ein verführerischer Duft zieht durch die Wohnung.

Flori sitzt noch geschlagene fünf Minuten im Flur und versucht sich die Erscheinung zu erklären.

Der Held und die Prinzessinnen | 09.11.2014

Fritz ist verwirrt. Wenn er morgens nicht immer seine Entspannungswurst kriegte, würde er glatt an seinem Verstand zweifeln. Überhaupt wäre es ohne Entspannungswurst kaum mehr auszuhalten. Immer dieser Lärm und die vielen Leute vor dem Fenster. Und die ganzen Veränderungen. Personal nachmittags zu Hause. Gehege weg. Tür woanders. Neue Rumpelkammer hinter neuer Tür. Wo soll das alles noch hin führen!

Bislang führte es zumindest in die geheimnisvolle Welt der Riesenrumpelkammer, die Fritz hochgradig spannend findet. Jedes Mal, wenn Fritz durch die neue Tür entschlüpft und trotz des Personalgeschreis in die neue Rumpelkammer eingedrungen war, hatte sich dort etwas verändert. Erst war nur eine Küche da, dann kamen immer neue Möbel, schließlich sogar Pflanzen und Kisten. Das reinste Abenteuerland!

Aber heute Morgen ist alles anders. Gestern Abend war schon wieder ein ziemlicher Lärm im Flur, schwere Dinge wurden die Treppe hinauf gerumpelt, fremde Stimmen erklangen. Fritz freute sich schon. Offensichtlich hielten neue spannende Dinge Einzug ins Abenteuerland. Morgen früh, nahm Fritz sich vor, morgen früh schlüpfe ich ganz rasch aus der Tür und gehe gucken, was die da drüben rein gerumpelt haben!

Und jetzt das. Fritz ist aus der Tür geschlüpft. Aber er kann nicht ins Abenteuerland. Die Tür zum Abenteuerland ist nämlich zu. Vor der Tür stehen lauter Kartons und zwei Paar fremde Schuhe, aber das interessiert Fritz alles nicht. Er will ins Abenteuerland und gucken, was da los ist. Das Personal flüstert, Fritz solle sofort wieder rein kommen. Fritz wundert sich noch mehr. Wieso flüstert das Personal? Sonst blökt es doch andauernd laut und nervig „Fritz komm rein!" oder wahlweise „Fritz komm da raus!" Und jetzt flüstert es.

„Komm jetzt rein, Fritz." flüstert das Personal eindringlich. „Mau?" sagt Fritz und guckt die Tür an. Das Personal kann die bestimmt aufmachen. „Psssst." flüstert das Personal. „Die neuen Nachbarn schlafen noch. Die haben schließlich gestern schwer geschuftet."

Nachbarn, was sind denn Nachbarn, denkt Fritz, guckt die Tür nachdrücklicher an und sagt nachdrücklicher: „Mau!" „Rrrrrrr." macht es hinter der Tür.

Fritzens Nackenhaare stellen sich langsam auf. Entsetzt starrt er die Tür an. Hinter der Tür schnauft was. Es klingt fast so, als würde eine fremde Katze am Türspalt Fritzens

Witterung aufnehmen. „Rrrrr." macht es, und „Rrrrrr"
echoet eine zweite Stimme. Fritzens restliche Haare stellen
sich auch noch auf. Zwei fremde Katzen! Hinter der Tür
sind zwei fremde Katzen! In seinem neuen Abenteuerland!

Fritz steht wie angewurzelt an der Tür, bis das Personal
kommt und ihn weg trägt. Fritz verschwindet erst mal auf
dem Kleiderschrank, um nachzudenken. Und um gewarnt
zu sein, falls die fremden Katzen möglicherweise hier rein
kommen. Das Personal muss auf einen Stuhl klettern, um
Fritz seine Entspannungswurst zu bringen. Bevor er zu Ende
nachgedacht hat, kommt Fritz nämlich auf keinen Fall vom
Schrank herunter.

Draußen wird es allmählich hell. In Fritzens verwirrtem
Kopf ebenfalls. Entspannungswurst ist wirklich toll. Man
wird nicht nur total relaxed davon, man kann auch gleich
viel besser denken. Und wenn Fritz jetzt so drüber nachdenkt, hoch oben auf seinem Kleiderschrank und mit Entspannungswurst im Bauch, dann hat es heute Morgen unter
der Tür hindurch doch nicht ganz unsympathisch gerochen.

Morgen früh geht er wieder rüber zur Abenteuerlandtür.
Er könnte schwören, dass dahinter zwei liebreizende Prinzessinnen von den ominösen Nachbarn gefangen gehalten
werden!

Bestimmt warten die nur darauf, von einem Königstiger
befreit zu werden.

Wehret der Fortpflanzung

Was, schon alle?! Ja, in der Tat, hier ist es schon zu Ende, Ihr neues Katzenbuch. Sie können jetzt von Ihrem harten Brettstuhl aufstehen und Ihre Lieblinge füttern, wenn Sie zur eingangs erwähnten Gruppe der bereits mit Katzen gesegneten Personen gehören. (In Ihrem gemütlichen Lesesessel liegt garantiert mindestens eine Katze, wette ich.) Oder Sie können in die Eckkneipe gehen und Ihr erschüttertes Weltbild mit ganz viel Schnaps überfluten, wenn Sie Soziologe, Psychologe oder Enthüllungsjournalist sind.

Falls Sie jedoch zur letzten Gruppe gehören, zur Gruppe der Personen mit Katzenwunsch im Stadium des Informationensammelns, dann haben Sie sich vielleicht schon mal gefragt: Was haben diese ganzen Katzenhalter, Tierärzte und vor allem die Tierschützer eigentlich immer mit ihrem: „Katzen müssen unbedingt kastriert werden"? Muss das wirklich sein? Das ist doch teuer, und Babykatzen sind so süß, und überhaupt: Die armen Katzen.

Sie haben gerade ein Buch über drei Katzen gelesen, die auch mal süße Babykatzen waren. Jetzt sind sie groß und streben nach der Katzenweltherrschaft, und wenn sie nicht kastriert wären, dann vermehrten sie sich noch heute, der Königstiger und die lieblichen Prinzessinnen.

Das können Sie nicht im Ernst wollen.